新时代
讲给
少年听

新时代讲给少年听

王炳林◎主编

大国的担当

吕晓莉◎编著

中原出版传媒集团
中原传媒股份公司
大象出版社
·郑州·

前言

党的十八大以来，中国特色社会主义进入了新时代，这是我国发展新的历史方位。新时代取得新成就，新时代展现新面貌，新时代涌现新典型，新时代产生新故事。

为帮助当代青少年读懂新时代，我们以“小切口”阐述“大主题”，重点选择反映党的十八大以来，广大党员干部和各族人民群众在以习近平同志为核心的党中央领导下不懈奋斗、取得辉煌成就的典型案例和鲜活故事，以点带面，总结分析，分门别类编成八卷本丛书，依次为《飘扬的党旗》《美丽的中国》《大国的担当》《人民的江山》《创新的力量》《飞扬的梦想》《共同的富裕》《文化的自信》。每卷独立成书，连贯起来又构成一个整体，全景式、系统化展现新时代党和国家事业取得的历史性成就、发生的历史性变革。

在叙述方式和语言风格方面，我们努力贴近新时代青少年的阅读习惯、接受特点，以青少年喜闻乐见的新方式、新表达进行语言“编码”，用通俗易懂的文字和形象生动的图片，讲清来龙去脉，剖析前因后果，让青少年读起来犹如身临其境，以见证者和参与者的身份感受新时代的脉搏与荣光。

我们深知，一部好的作品既要告诉读者已发生的事实，更要告诉读者事实发生的背后原因，因此，我们在书中设计了相关栏目，融入了党的二十大精神、习近平总书记相关重要论述等内容，阐释了党的十八大以来我们面对种种风险挑战乃至惊涛骇浪，之所以能解决许多长期想解决而没有解决的难题，办成许多过去想办而没有办成的大事，根本在于习近平新时代中国特色社会主义思想的科学指引，在于以习近平同志为核心的党中央的坚强领导，有助于青少年更加深刻领悟“两个确立”的决定性意义。我们力图使新时代故事既有温度又有高度，有助于青少年从新时代的伟大变革中启迪智慧、砥砺品德，收获关于青春价值和人生方向的更多思考。

青少年朋友们，你们生逢盛世，新时代为你们开启了无限广阔的发展前景，搭建了人生奋斗的出彩舞台。习近平总书记这样寄语：“希望广大青年用脚步丈量祖国大地，用眼睛发现中国精神，用耳朵倾听人民呼声，用内心感应时代脉搏，把对祖国血浓于水、与人民同呼吸共命运的情感贯穿学业全过程、融汇在事业追求中。”希望这套丛书能够成为你们在青春赛道上奋力奔跑的一份精神食粮，激励你们在新征程上自觉将爱国之情、报国之志与精进学业、锐意创新相结合，用实干诠释新时代青年的责任与担当。我们相信，实现第二个百年奋斗目标新的赶考之路，你们定能写下不负党和人民的精彩答卷！

2023年8月20日

目录

1 与联合国携手同行 / 001

2 比金子还珍贵的和平 / 021

大家听说过联合国吗？参加过学校的模拟联合国活动吗？联合国是当今世界上最具普遍性、权威性和代表性的政府间国际组织，是多边主义的旗帜。《联合国宪章》奠定了现代国际秩序的基石，确立了当代国际关系基本准则。中国是联合国创始会员国，是第一个在《联合国宪章》上签字的国家。1971年10月25日，中华人民共和国恢复了在联合国的一切合法权利，中国同联合国的关系日益紧密，双方互动持续增强，中国逐渐成为联合国的坚定支持者和重要合作伙伴。

与联合国携手同行

01 >>> 中国礼物："世纪宝鼎"

在联合国总部大厦的北花园里，远远望去就可以看到一尊带有浓厚的中华文化气息的青铜巨鼎，那就是著名的"世纪宝鼎"。它是中国与联合国密切连接的"纽带"和见证，

位于联合国总部大厦的"世纪宝鼎"

联合国是一个国际性组织，成立于1945年，现有193个会员国。联合国及其工作以《联合国宪章》所载的目标和原则为指导，是世界各国齐聚一堂、讨论共同问题、寻找共同解决方案的场所。

联合国有六个主要机构：大会、安全理事会、经济及社会理事会、托管理事会、国际法院和秘书处。工作涵盖以下五个领域：维护国际和平与安全、保护人权、提供人道主义援助、支持可持续发展和气候行动、遵守国际法。

承载着中国热爱和平的传统，也传递着中国人民对联合国的美好祝愿，寓意着新世纪世界人民对于和平的渴望。

◎●◎“世纪宝鼎”的寓意

1995年，正值联合国成立50周年，中国政府决定向联合国赠送一件具有民族特色和时代特征的礼物——“世纪宝鼎”。鼎是中华文明的重要象征，也是世界文明史与艺术宝库中的璀璨明珠。中国有着丰富悠久的“鼎文化”历史，中国人民重视鼎，鼎起初作为食器，后来发展成为一种礼器。

鼎作为礼器，象征着团结、安宁和权威，在现代更喻示着和平、发展、昌盛。

中国著名的青铜器专家、时任上海博物馆馆长的马承源参与指导工作，确定以中国青铜时代最负盛名的商代晚期至西周早期的大鼎为范本，设计“世纪宝鼎”。“世纪宝鼎”古朴凝重，气势宏大，非常雄伟。众多国内外专家高度评价，称其是一尊设计成功的宏伟之作。鼎的设计还有这样的寓意：鼎高为2.1米，象征着即将到来的21世纪；鼎座的高为0.5米，寓意着联合国成立50周年；2米见方，铸有56条夔龙纹饰，象征着华夏神州的56个民族都是龙的传人。因此，“世纪宝鼎”作为赠予联合国的礼物，传递了中国对于和平

中国政府向联合国赠送“世纪宝鼎”，蕴含着素称礼仪之邦的中国12亿人民对联合国实现其崇高使命的良好祝愿。

——江泽民主席

这尊宝鼎体现了中国文明的伟大品格和值得自豪的古老历史，体现了中国渊博灿烂文化的博大精深和辉煌灿烂。鼎，在中国历史上象征着稳定、安宁与和平。联合国正是为了这些目标而创立的。这尊巨鼎在我们这里将会有宾至如归之感。

——联合国秘书长加利

与团结的坚持与渴望，也表达了中国人民对于联合国诚挚的祝福。

◎●◎“世纪宝鼎”跨越山海去纽约

1995年10月21日，江泽民主席和联合国秘书长加利出席了中国向联合国赠送“世纪宝鼎”揭幕仪式。

赠礼活动进一步增强了中国与联合国之间的情感连接，同时也密切了中国与联合国的交往。中国与联合国在世界和平与国际秩序稳定方面有着众多共识，因此，中国在联合国发挥自身的价值作用，为世界和平发展提供中国方案，对于联合国、中国以及世界爱好和平的人民来说都是一种福音，世界也越来越希望听到更多的中国声音。

◎●◎中国永久的“和平信号”

习近平主席在中华人民共和国恢复联合国合法席位50周年纪念会议上说道：“当前，世界百年未有之大变局加速演进，和平发展进步力量不断增长。我们应该顺应历史大势，坚持合作、不搞对抗，坚持开放、不搞封闭，坚持互利共

■ 飞过故宫午门上空的一群鸽子

赢、不搞零和博弈。”

“世纪宝鼎”跨越山海去往纽约，屹立于联合国总部，它宣告着中国始终热爱和平、维护和平的立场；“世纪宝鼎”屹立在华夏儿女心中，它表达着每一位中国人民的和平心愿，共同做和平的倡导者和维护者；“世纪宝鼎”屹立在世界人民对和平的渴望之上，携手共建更加美好和谐的世界秩序。中国也始终坚持大国担当，推动联合国和平事业的发展，未来仍会同世界爱好和平的国家和人民一道，让联合国的舞台上汇聚更多“中国元素”和“中国智慧”，让和平鸽可以盘旋在更广阔的蓝天……

02 >>> 神秘的“一票否决权”

联合国安全理事会有五个常任理事国，即中国、俄罗斯、法国、英国和美国，他们都有一项“特殊权利”——“一票否决权”。

那么，到底什么是“一票否决权”？1945年6月26日签

■ 联合国大会的投票表决现场

署的《联合国宪章》中明确表示：安理会五大常任理事国在面对非程序问题投票表决时，只要有一个国家不同意，该项决议便不能通过。1971年10月25日，中国恢复了在联合国的合法席位，这不仅为中国外交事业发展提供了新的契机，同时也使中国恢复了这项“特殊权利”。

联合国运作中有一个重要的“大国一致原则”，简单地讲，就是在涉及全球重要事件决策时，五大常任理事国要达成一致。五大常任理事国达成一致，才可能最大限度地维护全球的利益，最大可能地维持联合国机构的有效运作。

◎●◎“一票否决权”的使用

“一票否决权”的使用是每个安理会常任理事国深思熟虑的决定，中国恢复在联合国的合法席位以来，是五个安理会成员国之中使用否决权最少的国家。根据联合国安理会“一票否决权”的使用记录，中国多次的使用都与一个国家有关，那就是叙利亚。叙利亚是位于亚洲西部的一个国家，也是中东国家之一。中东局势向来都牵动着世界局势的变化，由于该地区资源丰富、宗教冲突和极端势力等因素的影响，叙利亚经常处在战争的威胁恐惧之下。某些西方国家为

2016 年 3 月 15 日，叙利亚儿童和活动家们种下橄榄树，渴望和平

了获取利益，强行扶持叙利亚反对派，给予大量资金和武器，使得反对派与叙利亚政府军开战。战火之下，民不聊生，近千万人流离失所，叙利亚的很多城市都硝烟缭绕，废墟遍野。在此背景下，中国多次在联合国安理会上对叙利亚的制裁提案予以反对，支持叙利亚政府，并动用“一票否决权”。

中国之所以多次在叙利亚问题上表态是有原因的：首先，中国反对随意干涉他国内政。中国始终坚持和平共处、互不干涉的国际外交原则，对于某些西方国家干预其他弱小国家内政的行为予以反对，因此中国敢于为广大发展中国家发声，反对某些西方国家的粗暴干涉。其次，更是为了维护国际社会的公平正义和世界的和平稳定。中国政府一直致力于维护世界的和平发展，维护正义的国际秩序，主张利用和平方式解决国际争端。某些西方国家肆意践踏他国主权，任意侵占别国领土，对国际社会秩序造成恶劣影响。中国通过“一票否决权”的使用切实维护了国际正义。

◎●◎ 让“一票否决权”成为“正义之剑”

“一票否决权”作为一种消极的权力，在实施过程中产生了积极的作用。它的存在确保了联合国在国际安全这一具有高度政治敏感性的领域保持大国一致的原则，守护了整个决策系统的安全。

世界局势在不断变化，安理会的权力博弈在不断变动，但是一直以来中国行使“一票否决权”的基本原则与立场是相对确定的。中国坚持《联合国宪章》的宗旨与原则，站在广大的发展中国家的立场上，反对随意制裁，反对干涉别国主权与内政的行为。从亚洲的缅甸和叙利亚、非洲的津巴布

被白雪覆盖的联合国广场雕塑《打结的枪》

2021年10月25日，习近平主席在中华人民共和国恢复联合国合法席位50周年纪念会议上说道：“中国人民始终发扬自强不息精神，在风云变幻中把握中国前进方向，书写了中国以及人类发展的壮阔史诗。”“中国人民始终同世界各国人民团结合作，维护国际公平正义，为世界和平与发展作出了重大贡献。”“中国人民始终维护联合国权威和地位，践行多边主义，中国同联合国合作日益深化。”

韦到南美洲的委内瑞拉，中国行使“一票否决权”维护了各大洲发展中国家的核心利益，积极促进区域的和平与发展事业，这与中国一直坚持与第三世界国家保持良好关系的外交政策有关，也与中国日益扩展的国际利益有密切关系。

揭开“一票否决权”的神秘面纱，其背后是对于世界和平与国际秩序稳定的有利维护。中国也不断运用这项权力表达自身的外交立场，维护广大发展中国家的利益，主持国际社会的公平正义。“一票否决权”看似神秘，实则神圣，中国将其化为正义力量，成为国际和平秩序的有效屏障。

03 >>> 中国"蓝盔"在行动

5月29日是"联合国维持和平人员国际日"。1948年的这一天，联合国第一个维持和平特派团——负责监测以色列与其阿拉伯邻国之间的停战协定的联合国停战监督组织正式成立，标志着维和行动从此登上历史舞台。

维持和平工作是一项独特、有力、灵活且不断发展变化的任务，汇集了各种可支配的政治、安全和技术手段，旨在协助国家实现从冲突向和平的艰难过渡，并帮助饱受冲突蹂躏的国家创造条件以实现持久和平，保护了世界上最脆弱的群体，拯救了不计其数的生命。蓝色的贝雷帽是他们人生的底色，蕴含着维和官兵真爱和平、守护和平的崇高追求。

◎●◎ 从"几个人"到"上千人"

1990年，中国向联合国停战监督组织派遣5名军事观察

■ 2019 年 10 月 1 日上午，庆祝中华人民共和国成立 70 周年大会在北京隆重举行，维和部队方队首次在国庆阅兵中接受检阅

员，由此开启了中国军队参加联合国维和行动的历程。30多年来，中国共派出维和人员5万余人次，赴20多个国家和地区参加联合国维和行动。中国维和部队在推进和平解决争端，维护地区安全稳定，促进驻在国经济社会发展等方面做出了重要贡献。中国“蓝盔”已经成为联合国维和行动的关键因素和关键力量。中国军队在联合国维和行动中，始终牢记履行大国担当、维护世界和平、服务构建人类命运共同体的初心和使命，为世界和平英勇出征、砥砺前行，把青春年华奉献给神圣的和平事业。“不负出征誓言、不负维和初心、不负青春韶华。”中国“蓝盔”战士怀揣着这样的信念与坚守在世界许多角落播种下来自中国军队的希望之树与和平之花。

◎●◎ 中国军队的蓝色名片

中国军队在国际维和行动中发挥重要作用，主要包括监督停火、稳定局势、保护平民、安全护卫和支援保障等。另外，中国维和部队官兵还与国际人道主义机构携手，积极参与难民安置、救济粮发放、难民营修建和抢险救灾等行动，开展了大量卓有成效的工作。中国军队积极参与驻地战后重建工作，承担重要基础设施援建、协助监督选举、医护人员培训及环境保护等任务，得到当地政府和人民的积极评价。例如，苏丹达尔富尔地区地处沙漠边缘，地质结构复杂，是世界上极度贫水地区之一，2007年至2013年间，中国工兵分队给水官兵克服重重困难，先后在当地打井14口，有效缓解了当地人民的饮水难题。

“蓝盔”战士面对的永远是真实的战场。1992年4月，中国第一支“蓝盔”部队——军事工程大队赴柬埔寨执行任务。1992年5月，驻柬埔寨军事观察员刘鸣放在柬埔寨执行任务时，感染脑疟疾，于1993年1月医治无效不幸牺牲。这些勇毅的维和战士经常面临着刺耳的防空警报声，穿梭在硝烟笼罩的区域，但是他们无所畏惧，甚至洒下热血。截至2023年5月，中国维和部队有25位战士不幸牺牲，他们用信念和生命撑起一片希望的蓝天，践行着维护世界和平的中国承诺。

■ 中国维和部队发挥重要作用

01 完成维和待命部队组建

02 派遣更多保障人员参加联合国维和行动

03 完成为各国培训维和人员任务

04 向非盟提供无偿军事援助

05 派出首支维和直升机分队遂行任务

06 设立中国—联合国和平与发展基金支持联合国维和行动

6 项承诺

◎●◎ 新时代的中国“蓝盔”

新时代的中国在维护世界和平的道路上更进一步，2015年9月28日，中国国家主席习近平出席联合国维和峰会，宣布支持联合国维和行动的6项承诺。多年来，中国维和部队构成从单一军种为主向多军兵种拓展，任务类型从支援保障向综合多能转型，行动目标从制止武装冲突向建设持久和平延伸，维和能力进一步提升。

回望历史，世界人民浴血奋战，取得了反法西斯战争的最终胜利，建立了以联合国为核心的国际体系。反观当下，全球不稳定因素仍然存在，世界和平的维护任重而道远。人类面临着多重选择，是和平还是冲突，是合作还是对抗，是世界各国必然面临的问题。中国维和部队已成为中国军队在世界的“蓝色名片”，为维护世界和平、对外实施人道主义援助等做出重要贡献。

和平是人类赖以生存和发展的基本要素，是全世界人民的殷切期盼。随着百年变局加速演进、俄乌冲突硝烟弥漫，全球安全问题的联动性、跨国性、多样性更加突出，人类和平赤字日益加剧。但是，和平与发展的时代主题没有变，各国人民对美好生活的追求没有变，国际社会同舟共济、合作共赢的历史使命也没有变，和平、发展、合作、共赢的时代潮流更加强劲，维护世界和平、促进共同发展，依然任重道远。

2

比金子还珍贵的和平

01 世界和平的基石

诞生于冷战时期的和平共处五项原则，作为一个开放包容的国际法原则，已经成为国际关系基本准则和国际法基本原则，集中体现了主权、正义、民主、法治的价值观。“互相尊重主权和领土完整、互不侵犯、互不干涉内政、平等互利、和平共处”五项原则有力维护了广大发展中国家权益，为推动建立更加公正合理的国际政治经济秩序发挥了积极作用。和平共处五项原则也是中国贡献给世界国际交往的智慧力量，为弥补人类和平赤字贡献了中国智慧。

和平共处五项原则的“面世”

你知道和平共处五项原则是谁提出来的吗？1953年12月31日，周恩来总理在接见印度代表时说道：“我们相信，中印两国的关系会一天一天地好起来。某些成熟的、悬而未决的问题一定会顺利地解决的。新中国成立后就确立了处理中印两国关系的原则，那就是互相尊重领土主权、互不侵犯、互不干涉内政、平等互惠和和平共处的原则。”这是和平共处五项原则首次被提出。

1949年，法国向全世界发出关于召开“世界和平大会”的信息，以此纪念第二次世界大战结束，希望世间永无战争。毕加索听闻消息后，第一时间从画室里拿出一幅叫《鸽子》的画作，寄给了组委会。组委会认为作品非常好，将它定为大会的会标。许多与会代表都关注到了这个会标，经过讨论最后一致同意将鸽子作为世界和平的永久主题，并将它定名为和平鸽。从此，和平鸽作为世界和平的象征，一直沿用到现在。

1954年6月25日，周总理应邀对印度访问，中印两国总理以联合声明的形式提出和平共处五项原则，并且进一步扩大了使用范围，“这些原则不仅适用于各国之间，而且适用于一般国际关系之中”。6月28日，在中印发表联合声明的当天，周总理应邀访问缅甸，时任缅甸总理的吴努表示，接受中印联合声明中的和平共处五项原则，并把这些原则写入《中缅两国总理联合声明》之中。

众多国际会议也对和平共处五项原则表示认同。1955年在印度尼西亚召开的亚非会议（万隆会议）上，周总理积极促成通过《关于促进世界和平与合作宣言》，提出指导国家关系的十项原则，基本传承并延伸了和平共处五项原则的内涵。和平共处五项原则是相辅相成的有机体，前四项是实现和平共处的基础，和平共处是最终目标。

对中国而言，过去的几十年间在政治、经济等诸多领域取得的巨大成就，与以和平方式处理国家间关系、以互利原则发展对外经济关系都是密不可分的。坚持互相尊重主权和领土完整、互不侵犯、互不干涉内政，成为中国处理国际事务、发挥联合国常任理事国作用的指导原则。而和平共处五项原则也是促进中国周边地区和世界和平与稳定的强有力的保障和支撑。可以说，中国是和平共处五项原则积极的倡导者、忠实的践行者，也从中受益良多。

◎●◎ 和平共处五项原则的“时代新声”

当今世界正在发生深刻复杂的变化，和平、发展、合作、共赢的时代潮流更加强劲，国际社会日益成为你中有我、我中有你的命运共同体。世界正步入经济和安全格局划时代演变的阶段，随着经济全球化的不断演进，各国经贸、金融等领域正在快速、深入地相互融合，大发展带来巨大机遇，也给国际和地区安全与和平带来挑战。这更需要为世界和平，为地区安全与共同发展开辟新思路、探索新办法、推出新举措。这种背景与需求，恰恰为和平共处五项原则焕发新的生命力提供了广阔的舞台。

> 和平共处五项原则的精神不是过时了，而是历久弥新。
>
> 和平共处五项原则的意义不是淡化了，而是历久弥深。
>
> 和平共处五项原则的作用不是削弱了，而是历久弥坚。

新形势下，和平共处五项原则生动地诠释着《联合国宪章》的宗旨和原则，其中包含 4 个“互”字、1 个“共”字，一方面体现了亚洲国家对于建立新型国际关系的期待，另一方面也展现了国际权利、义务、责任的相互统一，也更符合当今国际社会携手共克时艰，追求和平发展的潮流趋势。

中国始终是和平共处五项原则的积极倡导者和坚定实践者。和平共处五项原则也载入中国宪法，是中国外交政策的基石。新形势之下的中国，坚持弘扬和平共处五项原则，推动建设新型国际关系和美好世界，同爱好和平的国家一道总结历史，奔赴未来。

02 >>> 对“国强必霸”的旧模式说“不”

“国强必霸”“大国必战”的霸权逻辑并不应该成为人类社会的生存法则，更不能成为历史发展的铁律。中国坚持和平发展道路的实际行动告诉世界，对“国强必霸”的旧模式说“不”，推动建设相互尊重、公平正义、合作共赢的新型国际关系，才是人类共赴光明未来的坦途。

◎●◎“国强必霸”的西方逻辑

从西方的发展历史来看，一个新兴强国的崛起，必然会引起守成国的恐慌，崛起国与守成国之间必有一战。16世纪，西班牙、葡萄牙两个国家建立海洋霸权瓜分世界；17世纪，“海上马车夫”荷兰异军突起称霸世界；18、19世纪英法争霸世界；19世纪末20世纪初，德日相继崛起妄图征服世界；20世纪中后期，美苏争霸数十年。

在世界历史上，西方国家经过工业革命之后，经济发展迅猛，从而带来了政治文明的进化，与此同时更带来了欲望的膨胀，造成了世界范围内殖民地、半殖民地国家的苦难历史。英国、法国等资本主义先驱国家成为世界强国之后，都曾通过在世界范围内侵略来积累原始资本，后期的英国更是占领并统治了地球表面近五分之一的土地。第二次世界大战之后，美国不断崛起，成为世界霸主，以冠冕堂皇的“民主”幌子，通过组建联盟、排除异己、渗透打压、封锁遏制等手段，干涉他国内政，最终达到“美国目的”。

正是在这样的历史实践下，“国强必霸”“大国必战”成为西方国际政治的话语逻辑。他们千方百计地阻止和遏制其他国家，尤其是广大发展中国家的发展对他们造成的冲击。西方国家不断利用自己掌握的国际话语权，制造似是而非的论断，对快速发展的国家发起强烈的舆论攻势，所谓“国强必霸”，其最终目的就是维护自身的霸主地位。

◎●◎ 对“国强必霸”说“不”

伴随着改革开放的步伐加快，中国取得了举世瞩目的成就，因此也就引起了西方国家的攻击。中国坚持高举和平、发展、合作、共赢的旗帜，推动构建不冲突、不对抗、相互尊重、合作共赢的新型大国关系，努力改写“大国必战”“国强必霸”的西方逻辑。中国对世界多次承诺，不会走西方的老路。

为什么说中国不会“国强必霸”？

从文化基因来看，中国文化中没有霸权主义的元素。中华民族是爱好和平的民族，武力征服不是中华民族的立身之本，中国人的血液中没有作威作福、称王称霸的基因，以和为贵、和而不同、和谐万邦才是中华文化的基本精神。

从中国历史来看，中国人民对战争带来的苦难有着刻骨铭心的记忆，对和平有着孜孜不倦的追求。近代以来，中国饱受战火的蹂躏和列强的欺凌，更加懂得和平的珍贵。走和平发展道路，正是中国人民从近代以后苦难遭遇中得出的必然结论。

从现实实践来看，中国没有以大欺小、恃强凌弱的冲动。习近平总书记在纪念辛亥革命110周年大会上说道：中华民族的血液中没有侵略他人、称霸世界的基因，中国人民不仅希望自己发展得好，也希望各国人民都能拥有幸福安宁的生活。中国以和平的方式发展自己，中国的崛起不构成世界和平的威胁，相反，崛起的中国只会是维护世界和平的中坚力量。

中国不会“国强必霸”

03 ››› 推进共商共建共享的国际秩序

随着各国相互依存空前紧密、利益共生不断深化，国际关系的形态和运行方式也在发生着改变。全球治理体系与国际关系变化不相适应的地方越来越多，国际社会对改革和完善全球治理体系的呼声越来越高。国际上的有识之士认识到各国命运相关的趋势，主张冲破主从之分、阵营之别的思想藩篱，跳出零和博弈、赢者通吃的理论窠臼。

◎●◎ 全球事务需要全球治理

当前全球治理体系中仍然存在许多不符合共商共建共享原则的思维方式和体制机制。比如，在经济、安全治理领域，小多边封闭政治集团、排他性贸易集团、针对他方的对抗式军事结盟体系以及文明冲突思维等，都是构建新型国际关系的障碍。一些国家强调自身利益至上，采用以对抗为主的政策体系，这同解决全球问题需要各方合作的现实产生矛盾。一些国家轻易否决或退出来之不易的国际合作协议，或者强行将未经协商的方案、议案在多边国际组织中进行表决，人为制造摩擦。在全球治理成果的分配中，横向上存在国与国之间分配不合理、不平衡、不平等的问题，纵向上缺乏为人类后代可持续发展的考量，全球治理成果难以形成代际共享。这些都是在全球治理体系变革中需要着力解决的问题。

◎●◎ 推动共商共建共享的国际新秩序

当今世界正经历百年未有之大变局，地缘冲突不断，大国博弈加剧，经济全球化遭遇逆流。种种危机充斥的国际新形势之下，世界必然要拧成“一股绳”。每一个国家都应该互相尊重，在面对国际问题时，应当秉承共商共建共享的全球治理观，动员全球资源，应对全球挑战，促进全球发展。

“国际社会发展到今天已经成为一部复杂精巧、有机一体的机器，拆掉一个零部件就会使整个机器运转面临严重困难，被拆的人会受损，拆的人也会受损。”面对更加突出的各类全球挑战，正确的选择是加强国际合作，充分发挥全球治理体系的作用，而不是反其道而行之，寻找各种借口肆意

■ 博鳌亚洲论坛 2023 年年会分论坛的主题是“‘一带一路’：共享发展机遇”

2017年9月11日，第71届联合国大会在“联合国系统在全球治理中的核心作用”议题下，通过了关于“联合国与全球经济治理”的决议，将中国倡导的共商共建共享原则纳入决议内容。

冲击国际合作大局。要坚持对话而不对抗、拆墙而不筑墙、融合而不脱钩、包容而不排他，以公平正义为理念引领全球治理体系变革。

共商共建共享的全球治理观是中国积极参与全球治理体系变革和建设的基本理念和主张，为建设一个更加美好的世界提供了中国智慧，为破解世界共同面临的治理难题提供了中国方案。

近年来，中国持续张开双臂拥抱世界，积极发展全球伙伴关系。从领导人交往到国与国合作，从双边互动到多边舞台……频繁密集的外交活动，生动体现了我们的朋友遍布全球。“朋友圈越来越大、好伙伴越来越多”，不断扩大的“朋友圈”，标注了中国与世界互动的新高度，展现了大国外交的新节奏。我们倡导的伙伴关系，主张对话而不对抗、结伴而不结盟，致力于走出一条国与国交往新路。

覆盖全球的『朋友圈』

01 >>> 握手世界，共赢未来

“我和你，心连心，同住地球村。”中国愿与世界同心相连，并肩前行。改革开放之后的中国迎来了翻天覆地的新变化，加快与世界接轨，同世界挽手共进，其中一个很重要的节点就是中国成功加入世界贸易组织（WTO），由此开始

■ 2001 年，上海金茂大厦外墙上打出的“中国入世”的灯光字体

进一步融入世界经济体系，参与到更深层次的全球化发展之中。

◎●◎ 与世界牵手

1986年，我国驻日内瓦代表团大使钱嘉东向关税与贸易总协定（GATT）总干事阿瑟·邓克尔提交了关于恢复中国GATT缔约国地位的申请，开启了复关谈判的历史进程。1995

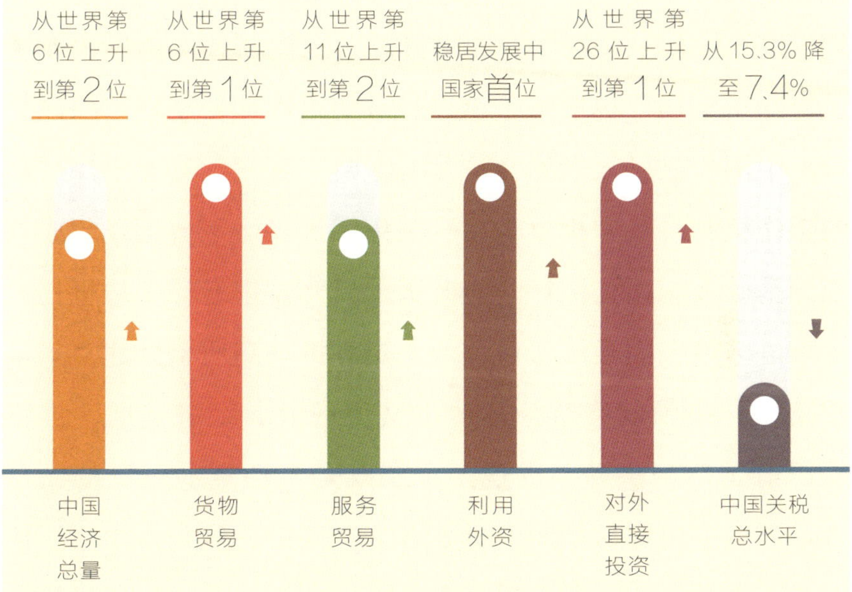

■ 入世20年成就表

年，世界贸易组织成立，复关谈判正式转换为入世谈判。经过多年的社会主义市场经济体制建设和入世谈判，中国于2001年12月11日正式加入世界贸易组织，成为第143名成员。

中国在国际经济发展中的贡献获得国际社会充分肯定，世贸组织前总干事拉米给予中国履行“入世”承诺极高评价，认为中国加入世贸组织是“对世界经济的巨大贡献”。与此同时，中国经济发展在世界轨道上逐渐转型升级，提升自身作用价值。

“入世”20多年来，中国对全球经济增长的年均贡献率接近30%，始终是多边贸易体制最大的贡献者，不仅改变了世界经贸格局，也增强了世界经济稳定性和安全性。除此之外，中国积极融入世界经济发展平台，并主动搭建更深层次的合作机制：从积极参与二十国集团等多边平台到发起成立亚洲基础设施投资银行、金砖国家新开发银行等多边机构，从推进区域全面经济伙伴关系协定到推动高质量共建“一带一路”，中国始终坚持多边主义促进世界经济发展。世贸组织前副总干事易小准说，中国既是多边贸易体制的受益方，更是多边贸易体制的贡献者。“入世”以来，中国深化改革、全面开放，全面履行自身承诺，激活了世界经济的生机与活力；“入世”以来，中国在世贸组织的影响力不断提升，在多边贸易体制内发挥了中流砥柱的作用。

◎●◎ 一起走向未来

未来世界经济的发展，中国力量备受期待。当前，世界百年变局加速演进，单边主义、保护主义抬头，经济全球化遭遇逆流。面对这些挑战，中国选择“站在历史正确的一边”，积极参与全球治理。“中国扩大高水平开放的决心不会变，同世界分享发展机遇的决心不会变，推动经济全球化朝着更加开放、包容、普惠、平衡、共赢方向发展的决心不会变。”

相通则共进，相闭则各退。从区域性开放走向全方位开

在世界经济发展与合作中，中国始终恪守国际贸易规则，积极维护以世贸组织为核心的多边贸易体制，发挥了不可替代的作用。面对贸易保护主义的冲击，中国为巩固世贸组织在全球贸易体系中的基础性地位发挥了建设性作用。面对新冠疫情对全球经济和贸易体系的影响，中国作为世贸组织成员，为推动疫苗的公平分配、保障全球供应链稳定，做出了重要贡献。

放，从要素流动性开放走向制度性开放，从自我开放到与贸易伙伴间的相互开放，开放带给中国开阔视野和多元韧性，中国用行动向世界宣示，只有开放融通才能共同抵御风浪。见出以知入，观往以知来。站上新起点，中国将把握经济全球化发展大势，继续握手世界，与世界友好国家并肩同行；继续以开放的心态、求变的智慧与世界共同携手成长。

02 >>> 海纳百川，有容乃大

近代以来，世界大国关系不断发展演化，目前正进入新阶段，出现了新趋势。大国关系的状况不仅深刻影响本国的安全与发展，而且很大程度上决定着国际社会的稳定、国际格局的走向。

◎●◎ 世界和平取决于大国关系

对抗与冲突和你输我赢、你兴我衰的零和博弈，是冷战前大国关系的主要特征。大国之间的战争是霸权更替、国际体系改变的主要途径。大国之间的冲突和对立甚至导致了两次世界大战，给人类带来了巨大灾难。冷战时期大国关系的主要特征是分裂、遏制和紧张。二战后的世界分裂成以美国和苏联为首的两大对立阵营，意识形态在两大阵营的对峙中扮演了重要角色。

冷战结束后，大国关系日趋复杂化和多样化。盟友与敌人的界限日益模糊，以亦敌亦友、挑战与利益同在、竞争与合作并存为特征的新型大国关系逐渐浮出水面。中国、印度、俄罗斯、巴西和南非等新兴经济体成为现有国际体系的参与者，通过遵守和利用现有国际规则发展自己。

在全球来看，如今的中美关系确实空前重要。美国是最大的发达国家，综合国力长期位居全球之首，是公认的超级大国；中国是最大的发展中国家，经济总量已经跃居世界第二，被视为最有实力的新兴大国。双方还都是联合国安理会常任理事国，在处理地区和国际事务中举足轻重。中美关系之所以超出双边范畴而具有全球影响，不仅在于二者体量巨大，本身发展即有世界意义，还在于双方的共同利益空前广泛、紧密相联，而在社会制度、发展阶段、历史文化传统等方面却有鲜明差异，在发展分歧上也异常突出，这种前所未有的复杂性令世界高度关注。面对世界大势所趋和两国发展需求，中美领导人将以何种战略思维，推动双方走出一条大国关系新路，举世瞩目。

◎●◎ 构建新型大国关系

大国复杂而深刻地融入国际体系，利益相互交织，联盟和制衡关系已经不能反映当今大国互动的全貌。新兴大国积极参与国际分工，通过同世界各国全面深入地开展互利合作发展自己，与传统大国一道成为现有国际体系的重要参与者、支持者和贡献者。新型大国关系以“不冲突不对抗，相互尊重，合作共赢”为核心内容，目的是打破“修昔底德陷阱”，开创大国和平相处、平等互信的新模式。

中美关系是新型大国关系的重要方面。随着时代的发展，中美两国拥有的共同利益和面对的共同挑战越来越多。中美新型大国关系的核心内容是“不冲突不对抗，相互尊重，合作共赢”。其中，不冲突不对抗是底线，相互尊重是交往准则，合作共赢是努力目标。虽然中美两国之间也存在一

国际友人体验中国传统文化

些意见分歧，构建中美新型大国关系的道路并不平坦，但正如习近平主席所说："地球足够大，容得下中美各自和共同发展"，"从中美关系的全局把握，两国共同利益远远大于分歧，双方合作始终是主流"。中美建交44年的历史充分证明，一个良好的中美关系符合两国人民的根本利益，也有利于亚太地区和全世界。

中俄新时代全面战略协作伙伴关系为国家间交往提供了有益经验，是构建新型大国关系的典范。经过近30年的发展，中俄伙伴关系外交逐渐形成了和平、平等和包容的特点，不仅为两国关系发展带来了切实利益，也推动国际关系朝着更加多样化、均衡化方向发展，维护了大变局时代世界秩序的基本稳定。中俄两国从双边层面逐渐积累互信，进而在有关国际秩序及其他重大问题上凝聚共识，推动两国关系不断发展。发展中俄关系上不封顶，"中俄关系没有最好，只有更好"，中俄关系已经成为当今世界结伴而不结盟、对话而不对抗、密切合作的新型大国关系典范。

03 >>> 德不孤，必有邻

中国邻国众多，周边关系与周边环境对中国有着特殊和重要的利益。鉴于此，中国把周边关系放在对外关系的首位，先后提出了很多发展与周边国家关系的基本理念。

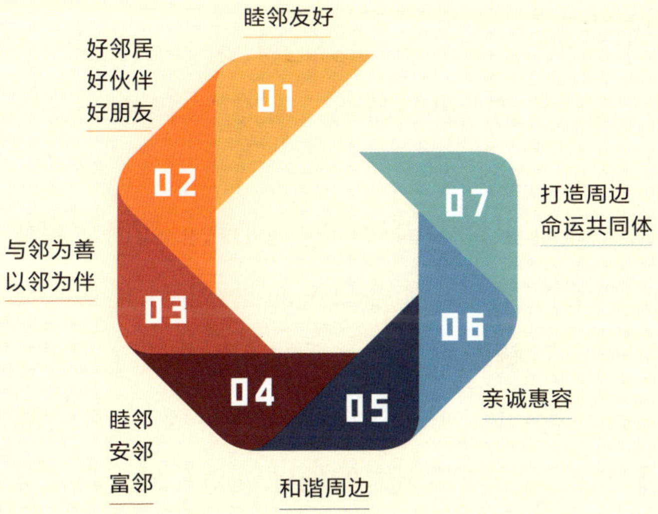

■ 中国发展与周边国家关系的基本理念

◎●◎ 睦邻友好，协商合作

中国周边国家众多，地区关系复杂，推动构建和平、合作与发展的周边关系与秩序并非易事。总的来看，中国的周边环境总体向好发展，中国与周边国家实现了关系正常化，解决了大多数历史遗留问题，逐步发展起了以合作为导向的双多边关系，特别是在经济领域形成了相互依赖的链接网络，中国成为绝大多数周边国家最重要的经贸伙伴，并建立了不同形式的伙伴关系，协商与合作成为推动双边和区域关系发展的主流方式。

时代在变化，但中国初心未改，始终秉持“不结盟”“不称霸”两大外交特色，与周边国家开展合作交往活动：

在政治层面上，中国与周边国家积极利用和深化各层级会晤和区域合作平台，加强政策沟通对话，增进彼此的理解和互信，努力化解影响周边关系的不和谐音。

在经济发展上，中国坚持开放包容、合作共赢的发展之路，积极推动与周边国家的地区贸易和投资自由化、便利化，促进区域经济一体化，携手推动经济恢复，应对经济问题，促进地区融合发展。

“结伴不结盟”是中国从实践中摸索出的一条国与国交往新路径，以维护和平与发展为目的，以建设中国特色社会主义为根本目标，体现了合作共赢的发展理念。“要在坚持不结盟原则的前提下广交朋友，形成遍布全球的伙伴关系网络。”

“伴”即伙伴，《现代汉语词典》对“伙伴”的解释是“现在泛指共同参加某种组织或从事某种活动的人”；“盟”即联盟，《国际军事与防务百科全书》将联盟定义为“两个或两个以上国家通过集合他们的国力以增进安全而建立的一种长期的政治与军事关系”。“结盟是‘找敌人’的旧国际关系思维，结伴是‘交朋友’的新型国际关系思维。”

在文化交流中，以情为核，中国与周边国家文化互动，增强彼此情感连接。中国与周边国家不断创新人文交流方式，开展全方位多领域人文交流活动。通过历史文化活动的相互交流，让双方民众对彼此的文化有更深一步的了解，进而也增强了彼此的理解互信。

在机制构建上，以友为伴，中国与周边国家建立合作交流机制，扩大社交“朋友圈”，提升区域治理能力。长期以来，中国与周边国家持续探索区域治理模式创新，通过多种

■ 中国—东盟博览会柬埔寨展区

合作机制共同维护地区和平与发展。中国在周边外交实践中有效利用国际场合，坚定支持和践行真正的多边主义，继续积极参与地区气候治理，推动全球发展倡议在周边地区落地生根，为区域治理体系变革贡献更多中国智慧、注入更多中国能量。

◎●◎ 东盟老友记

“泰国、新加坡、印度尼西亚，咖喱、肉骨茶、印尼九层塔。”欢快的歌声揭示了中国与东南亚国家一直交往密切，情意绵长。中国和东盟山水相连，人文相亲，是好邻居、好朋友、好伙伴，双方建立起紧密的全面战略合作伙伴关系，在国家发展、区域合作和全球治理等各方面都发挥了重要作用。

东盟，即东南亚国家联盟（ASEAN），于1967年8月8日在泰国曼谷成立。迄今，东盟共有10个正式成员国，分别是文莱、柬埔寨、印度尼西亚、老挝、马来西亚、菲律宾、新加坡、泰国、缅甸、越南，因此它们也被称作“东盟十国”。

中国与东盟之间的友谊深厚，历史悠久。1991年，中国和东盟建立了对话关系。1996年，中国成为东盟全面对话伙伴。1997年，双方建立睦邻互信伙伴关系。2003年，中国与东盟正式建立战略伙伴关系，并作为东盟对话伙伴率先加入《东南亚友好合作条约》。2021年，中国与东盟建立全面战略伙伴关系。中国与东盟的友好交往与深入合作促进了双方多领域、深层次的发展，覆盖了政治、经济、文化、安全、国际合作等重要领域。

30多年来中国东盟合作的成就，得益于双方地缘相近、人文相通等得天独厚的条件，更离不开双方积极顺应时代发展潮流，做出正确历史选择。

30多年的宝贵经验是中国和东盟的共同财富，为双方发展全面战略伙伴关系奠定了基础、提供了遵循。我们要倍加珍惜、长久坚持，并在新的实践中不断丰富和发展。

平等相待、和合与共是双方的共同诉求。
实现国家安定和人民幸福是双方的共同目标。
互帮互助是双方的共同传统。
多元包容是双方的共同基因。

东盟是世界上最主要的发展中国家联盟之一，中国则是全球最大的发展中国家，双方发展共进，中国与东盟“情投意合”，正在“双向奔赴”，创造了亚太地区友好合作机制的典范，为全球治理注入重要动力。习近平主席讲道：“‘路遥知马力，日久见人心。’中国过去是、现在是、将来也永远是东盟的好邻居、好朋友、好伙伴。”

全球治理是什么？简单地讲，全球治理是指国际社会共同应对全球性问题的管理体制、规则、方法和行动。例如，经济增长失衡、恐怖主义蔓延、气候变化加剧、跨国移民问题和跨国犯罪问题突出、传染性疾病影响扩大等全球性挑战没有任何一个国家可以独自应对，迫切需要各国共同努力，通过完善全球治理体系予以解决。在这个背景下，“中国方案”应运而生，向世界传递中国应对全球性挑战的信心。

4

全球治理的中国方案

01 >>> 积极应对气候变化

气候变化是全人类的共同挑战。中国高度重视应对气候变化，作为世界上最大的发展中国家，中国克服自身经济、社会等方面困难，为实现应对气候变化目标，迎难而上，积极制定和实施了一系列应对气候变化战略、法规、政策、标准与行动，推动中国应对气候变化实践不断取得新进步。

2021年10月发布的《中国应对气候变化的政策与行动》白皮书，是中国继2011年以来第二次从国家层面对外发布关于中国应对气候变化的白皮书，全面介绍了中国应对气候变化的新理念、国家战略、历史性变化以及积极参与和推动国际合作等情况。一直以来，中国始终是气候治理这场“硬仗”中的行动派，在气候变化的严峻挑战下，不断通过自身实践与自我加压，为全球气候治理贡献中国智慧和有效方案，推动全球气候治理合作行稳致远。

◎●◎ 绿色转型成效显著

面对日益严峻的气候变化问题，中国一贯坚持减缓和适应并重，实施积极应对气候变化国家战略。党的十八大以来，生态文明建设纳入了中国特色社会主义事业“五位一体”总体布局，“美丽中国”成为生态文明建设的目标，“蓝天保卫战”被列为生态环境治理三大攻坚战之一。中国持续将单位国内生产总值二氧化碳排放下降作为约束性指标，纳入国民经济和社会发展规划纲要，积极制定实施各项战略、政策与行动，并取得了积极成效。

中国大力推动绿色低碳发展。新能源、节能环保等战略性新兴产业快速壮大，并逐步成为支柱产业。高技术制造业和装备制造业增加值，占规模以上工业增加值比重达47.3%；新能源产业蓬勃发展，新能源汽车生产和销售规模均居全球第一；风电、光伏发电设备制造形成了全球最完整的产业链。

中国注重能源结构调整与节能提效。2022年，煤炭占能源消费总量的比重，已由2005年的72.4%下降至56.2%，非化石能源占能源消费总量比重达到17.5%。同时，煤电机组供电煤耗持续保持世界先进水平，截至2021年年底，中国节能

我国的新能源产业蓬勃发展。图为光伏发电项目和新能源汽车展览

改造煤电机组规模近9亿千瓦。10年来，中国能耗强度累计下降26.4%，为实现碳达峰、碳中和奠定坚实基础。

中国是全球气候变化的敏感区和影响显著区，中国把主动适应气候变化作为实施积极应对气候变化国家战略的重要内容，推进和实施适应气候变化重大战略，开展重点区域、重点领域适应气候变化行动，强化监测预警和防灾减灾能力，努力提高适应气候变化能力和水平。

◎●◎ 为应对世界气候变化贡献中国动力

2021年10月31日至11月12日，作为《巴黎协定》进入实施阶段之后召开的首次缔约方大会，《联合国气候变化框架公约》第二十六次缔约方大会（COP26）在格拉斯哥举行。中国是气候治理的行动派，一直主动承担与国情相符的国际责任，为《巴黎协定》做出了关键性重要贡献，并在协定达成后积极推动《巴黎协定》全面平衡有效落实，彰显积极应对气候变化、引领全球气候治理的大国风范。法国前外长、时任联合国气候变化巴黎大会主席法比尤斯曾发文强调，如果没有中国的积极支持，《巴黎协定》就不可能达成，中国对执行《巴黎协定》发挥关键作用。

在2017年美国宣布退出《巴黎协定》，全球气候治理合作进程出现重大不确定性的危急时刻，中国一如既往地以身作则，持续自主提高气候行动力度，提前和超额完成了向国际社会承诺的2020年气候行动目标。2020年，中国碳排放强度比2005年下降48.4%，超额完成了中国承诺到2020年下降

40%—45%的目标，累计少排放二氧化碳约58亿吨。中国以实际行动主动承担与国情相符合的国际责任，提高应对气候变化行动力度，为推动《巴黎协定》落实贡献了中国力量。

中国对世界承诺并付诸实践，得到国际认可，这就是“中国态度”。在为控制碳排放而做出努力的同时，中国的有效举措也受到了国际社会更多的认可和赞扬。英国《金融时报》网站称，在《巴黎协定》危急关头，中国提出碳排放承诺赢得了世界的称赞。欧盟委员会主席冯德莱恩称，中国宣布的这一目标令人鼓舞。《自然》杂志子刊此前曾刊登一份研究报告指出：自21世纪初以来，地球新增的植被面积相当于一个亚马孙雨林，中国是重要贡献者之一。生产生活方式绿色转型成效显著，主要污染物排放总量持续减少，生态环境持续改善……

◎●◎ 携手世界，共建公平合理、合作共赢的全球气候治理体系

地球上的空气为全人类共同呼吸，蓝天白云也是人类共同的追求。为了携手共建一个清洁、美丽的地球，中国也积极参与大气污染治理的双边、区域和全球合作，积极推动共

建公平合理、合作共赢的全球气候治理体系，与世界各国分享经验、协同行动，共同实现绿色发展。

中国积极参与并引领现有国际组织框架下的气候变化合作。中国坚定支持联合国在全球环境治理中发挥积极作用，坚持参加历届联合国气候变化大会。2003年，联合国环境署将全球第一个国家层面的办公室设立在中国，并成立环境署驻华代表处。中国还积极参加二十国集团、国际民航组织、国际海事组织、金砖国家会议等框架下气候议题磋商谈判，调动发挥多渠道协同效应，推动多边进程持续向前。

中国主动引导多边合作形式创新，大力支持发展中国家能源绿色低碳发展，持续开展气候变化南南合作。中国推动发起建立了“基础四国”部长级会议和气候行动部长级会议等多边磋商机制，积极协调“基础四国”“立场相近发展中国家”“七十七国集团和中国”应对气候变化谈判立场，为维护发展中国家团结、捍卫发展中国家共同利益发挥了建设性作用。自2013年“一带一路”倡议提出至今，中国始终把生态环境保护纳入“一带一路”建设整体制度安排，并与31个国家共同发起“一带一路”绿色发展伙伴关系倡议，成立“一带一路”绿色发展国际联盟。

人与自然和谐共处、保护与发展相得益彰，中国生态

“三北”防护林的往昔与今日

文明实践得到越来越多的国际认可：“三北”防护林工程被联合国环境规划署确立为全球沙漠“生态经济示范区”，塞罕坝林场建设者、浙江省“千村示范、万村整治”工程等先后荣获联合国环保最高荣誉“地球卫士奖”，“绿色发展”“生态文明”等已被纳入联合国文件……

中国坚持多边主义，共谋全球生态文明建设，深度参与全球环境治理，与世界各国共同开启绿色发展之路。

◎●◎ 庄严承诺，提振全球治理信心

应对气候变化不是别人要我们做，而是我们自己要做，是我国可持续发展的内在要求，也是推动构建人类命运共同体的责任担当。中国一直主动承担与国情相符的国际责任，践行真正的多边主义，秉持“共同但有区别的责任”原则，不断推进全球气候治理体系向更加公平合理、合作共赢方向发展。

从推动达成气候变化《巴黎协定》到全面履行《联合国气候变化框架公约》，从大力推进绿色“一带一路”建设到深度参与全球生态环境治理，中国一直为建设一个清洁美丽的世界砥砺前行。在第七十五届联合国大会和各届气候峰会

“中国将提高国家自主贡献力度，采取更加有力的政策和措施，二氧化碳排放力争于2030年前达到峰值，努力争取2060年前实现碳中和。”

“坚持公平公正惠益分享，照顾发展中国家资金、技术、能力建设方面的关切。”

“恪守共同但有区别的责任原则，为发展中国家特别是小岛屿国家提供更多帮助。”

“发达国家要切实加大向发展中国家提供资金、技术、能力建设支持。”

上，中国接连宣布的国家自主贡献新举措，彰显了我国积极应对气候变化、走绿色低碳发展道路的雄心和决心，极大提振了全球气候治理的信心。

在全球气候治理进程的关键时刻，中国一次次发出铿锵有力的声音，展现了大国卓越的战略眼光和恢宏的全球视野，赢得国际社会普遍赞誉。面向未来，中国将为应对气候变化继续提供中国方案、贡献中国力量，与国际社会一道，积极推动全球气候治理体系向着更加公平合理、合作共赢方向发展。

02 >>> 护航亚丁湾

“我是中国海军护航编队，如需帮助，请在16频道呼叫我。”这条以中英两种语言播发的通告，每天会在亚丁湾上空回响。它对于航经该海域的中外船舶来说，早已不再陌生。在帆樯林立的亚丁湾，高扬五星红旗的中国海军护航编队，以其负责的态度和过硬的素质，成为附近海域及当地最具信赖的一支和平力量。

◎●◎ 护航，“舰”指亚丁湾

亚丁湾作为印度洋进入地中海及大西洋的咽喉要道，是连接包括中国在内的东亚国家和西欧及北美东海岸的重要航线，又是波斯湾石油输往欧洲和北美洲的重要水路，战略位置十分重要。然而这里海盗猖獗，也是最危险的海域之一。仅2008年这一年，亚丁湾索马里海域平均每3天就发生一起海盗袭击事件，先后有42艘各国船舶被劫持，海盗活动的猖獗震惊了世界。

应索马里过渡联邦政府请求，联合国安理会先后通过四项决议，呼吁各国积极参与打击索马里沿海、公海的海盗行为。2008年12月26日，由武汉号导弹驱逐舰、海口号导弹驱逐舰和微山湖号综合补给舰组成的中国海军首批护航编队从三亚解缆起航，开赴亚丁湾，开启了人民海军赴远海常态部署并履行使命任务的新征程。在首批护航的120多个日日夜夜里，伴随护卫、应召支援、慑止海盗、解救商船……官兵们不畏艰辛，风雨兼程，一次次直面生死考验，一次次兵不血刃化解危机。

2009年2月8日，被劫持近3个月的“天裕8号”全体船员安全获救，在茫茫大洋上，被劫船员魏强终于听到了熟悉的乡音。他回忆道：“我们很有自信心，一定会获救的。看到中国海军来了，我们感觉很自豪。船上有外籍船员，我们自豪地跟他们说，中国海军也很强大，为了我们，特意从中国来解救我们，护送我们。”

◎●◎ 世界可靠的“海上肩膀”

随着中国海军护航编队声名远扬，申请护航的中外商船越来越多，加之海盗活动“花样翻新”，以固定班期方式组

■ 中国海军正在执行亚丁湾、索马里海域护航任务

织的伴随护航已不能完全满足要求。为确保被护商船的安全万无一失，我护航编队针对海盗活动情况规律，不断灵活组织兵力。

湛蓝的亚丁湾海面上，中国海军护航编队针对海盗活动特点，对科学提高护航效率进行了创新探索：从军舰伴随护航、前出接应、延伸护航，到特战队员随船护卫、直升机空中巡逻，再到舰、艇、机一体化协同，中国海军护航方式不断拓展，护航手段不断创新。官兵们一次次挑战极限，确保了每一次护航行动圆满成功、每一艘被护船舶百分之百安全，在护航中合理配置兵力，努力做到科学护航。

不少国家的商船宁可等上几天，也要随中国军舰同行。不少外国商船甚至从“国际推荐走廊”驶过来，申请加入中国海军伴随护航的队伍，寻求保护。有的外籍船舶先后10多次加入中国海军护航编队。在跟随中国舰艇安全通过亚丁湾后，各国商船纷纷通过鸣笛、灯光、电子邮件和感谢信等方式表达谢意，有的还组织船员列队向中国护航舰艇致敬。

从此，在国际公认的危险海域有了维护和平的中国力量；从此，每年经过这片危险海域的上万艘船只，多了一个可以依靠的“海上肩膀”。

◎●◎ 承载大国责任担当

> 亚丁湾护航是中国海军成立以来，远海常态部署时间最长、动用兵力最多、活动范围最广的重大军事实践，是中国海军跨越发展的重要里程碑，取得了显著的政治、外交、军事和社会效益，举国关注，举世瞩目。

15年来，中国海军亚丁湾护航成果显著。中国海军护航编队以负责的态度和过硬的素质，成为亚丁湾海域最值得信赖的和平力量：累计派出45批护航编队，为7000余艘中外船只护航，并多次圆满完成与外军联合护航、联合演习，以及友好访问等任务。护航期间，中国海军护航编队还执行了马航失联航班搜救、为马尔代夫提供淡水等紧急任务，让亚丁湾、索马里重新成为“黄金航道”，受到国际社会的广泛好评。

作为国际性军种，中国海军在走出去的同时，也打开了国际社会了解中国的“窗口”。在帆樯林立、飘扬着各色国旗的亚丁湾，高扬五星红旗的中国海军护航编队，早已成为过往中外船舶信赖的一支和平力量。护航15年多，中国海军不畏艰险、战风斗浪，为保证国际重要贸易通道安全、维护世界和平稳定做出了重要贡献。更重要的是，通过亚丁湾上中国海军护航编队犁出的一道道深蓝航迹，世界各国人民真切感受到了中国军队的大国风范和大国担当。

近年来，随着国防和军队现代化建设的深入推进，中国军队的综合实力显著提升。提供更多全球公共安全产品、承担更多全球责任，是世界各国对中国军队的热切期待，也是中国军队对国际社会的郑重承诺。当前，亚丁湾海域仍不太平，各国海军护航行动任重道远。未来，中国海军将继续加强与各国海军的交流合作，继续远航，继续向前，去守卫那片海，确保这条世界“黄金航道”的安全和畅通，去捍卫人类的宁静和安详。

03 >>> “东方神药”青蒿素

每年的4月25日是“世界防治疟疾日”，作为全球重大传染病之一的疟疾一直威胁着人类健康。疟疾主要通过蚊虫的叮咬来进行传播，所以在生活当中比较难以预防。感染到这种疾病，很容易引发寒战、高热、肝肾功能损害、肺水肿、脑水肿、循环衰竭等。世界卫生组织（WHO）《2021年世界疟疾报告》数据显示，2020年全球仍有85个国家和地区

引发疟疾的元凶是一类叫作疟原虫的单细胞、寄生性原生动物，主要由雌性按蚊传播给人类，从而导致疟疾。在过去，如何治疗疟疾是一个世界性的难题。虽然各国研发了一些抗疟药物，但这些药物往往只能在一段时间内对疟原虫产生较好的抑制效果，很快就会因为疟原虫产生了抗药性而降低治疗效果。所以，很多国家都希望能找到更加有效的新药，却一直没有得到满意的结果。

流行疟疾，估计发病人数达2.41亿，因疟疾死亡人数达62.7万，其中95%的疟疾发病和96%的疟疾死亡病例发生在非洲，且非洲80%的疟疾死亡病例为5岁以下儿童。

◎●◎ 撷草本精华，萃济世青蒿

为了研究出抗疟特效药，1967年5月23日，中国人民解放军总后勤部和国家科委在北京召开了抗药性恶性疟疾防治全国协作会议，启动了“523”项目，组织60多家科研单位协力攻关，意在集中全国科技力量联合研发抗疟新药。1969年，屠呦呦临危受命，加入“523”项目，被任命为中国中医研究院科研组组长。

由于当时的科研设备比较落后，在此之前，在已经筛选过的4万多种抗疟疾的化合物和中草药中，均未发现有效的抗疟成分，其难度无异于大海捞针。可这却激发了屠呦呦的斗志，她和研究团队翻阅历代本草医籍，四处走访老中医，仅用了3个月，就收集整理了包括植物、动物、矿物等2000余种内服、外用方药，并以此为基础编写出一张含有640多种草药、包括青蒿在内的《疟疾单秘验方集》。正是这些信息的收集和分析，才奠定了青蒿素最终得以发现的基础。

从《神农本草经》到《圣济总录》再到《温病条辨》……在遍寻中医古籍后，葛洪的《肘后备急方》中关于青蒿抗疟的记载，最终给了屠呦呦新的灵感——“青蒿一握，以水二升渍，绞取汁，尽服之”。她创建了低温提取青蒿抗疟有效成分的方法，用沸点只有34.6℃的乙醚提取青蒿。实验过程繁复而冗长，在190次失败后，1971年10月4日获得了对鼠疟原虫抑制率达100%的青蒿乙醚中性提取物，这是青蒿素发现史上最为关键的一步。

青蒿

找到突破口后，屠呦呦团队乘胜追击，大量萃取青蒿，分离收集其中的有效成分，然后进行测试。最终，大家成功从青蒿萃取液中初步分离出了青蒿素。可随后动物实验的结果让众人放下的心又悬了起来。虽然动物的疟疾通过青蒿素治疗得到了痊愈，但部分动物却在注射青蒿素后，出现了中毒的症状。这种药物，用在人身上真的安全吗？“我是组长，我有责任第一个试药。”屠呦呦坚信青蒿素的作用，她自告奋勇，决定亲自试药。在成功的基础上又完成了21例临床抗疟疗效观察，效果令人满意。

◎●◎“中国神草”造福世界

青蒿素的问世，为全世界饱受疟疾困扰的患者带来福音。

2004年5月，世界卫生组织正式将青蒿素复方药物列为治疗疟疾的首选药物。英国权威医学刊物《柳叶刀》的统计显示，青蒿素复方药物对恶性疟疾的治愈率达到97%。据此，世卫组织当年就要求在疟疾高发的非洲地区采购和分发100万剂青蒿素复方药物，同时不再采购无效药。时至今日，青蒿素仍是全球抗疟利器，以青蒿素类药物为主的联合青蒿素的发现是人类与全球性疾病艰苦斗争的成功故事，也是中国致力于推动构建人类卫生健康共同体，同广大发展中国家同舟共济，以自身发展造福世界的成功实践。

疗法仍是当下治疗疟疾的最有效手段。

世界因为这些抗疟成就记住了青蒿素，记住了屠呦呦的名字。屠呦呦曾说："青蒿素是人类征服疟疾进程中的一小步，是中国传统医药献给世界的一份礼物。"

青蒿素问世以来，不仅帮助中国完全消除了疟疾，同时中国也向世界伸出援手，开展以青蒿素为核心的大规模国际抗疟援助。截至2021年年底，中方累计提供青蒿素药品数十亿人份，为发展中国家培训了数万名抗疟技术人员，为30个国家援建疟疾防治中心，向72个发展中国家派遣2.8万名援外医疗队员，广泛使用青蒿素药品和疗法开展疟疾防治。青蒿素已成为中国"小而美"援外项目的亮丽名片。

中国向全球积极推广应用青蒿素，挽救了全球特别是发展中国家数百万人的生命，为全球疟疾防治、维护人类健康做出了重要贡献。根据世界卫生组织统计，仅撒哈拉以南非洲地区就有约2.4亿人口受益于青蒿素联合疗法。从亚洲到非洲，从欧洲到美洲，无数的生命因为青蒿素而得到拯救，无数的家庭因为青蒿素而受到呵护。

◎●◎ 中国方案助力全球抗疟事业

2021年6月30日，世卫组织向中国颁发国家消除疟疾认证，称赞中国完全消除疟疾，是一项了不起的成就。中国消除疟疾是响应全球根除疟疾倡议和履行国际承诺一项重大公共卫生行动，标志着作为人口最多、陆地边境线最长、毗邻国家最多的国家实现了消除疟疾目标，极大压缩了全球疟疾版图。

中国经历了疟疾从大流行到消除的不同阶段，积累了不同情境下控制和消除疟疾的经验，中国科学家从中草药中发现并研发的青蒿素类特效抗疟药是全球治疗疟疾的首选药物，中国消除疟疾的“1-3-7”模式被正式写入世卫组织技术文件向全球推广应用，这些作为中国为世界抗疟事业提出的中国方案，不仅丰富了全球控制和消除疟疾的理论和实践，对加快全球根除疟疾步伐发挥了重要作用，而且对于应对其他重大传染病流行也具有十分重要的借鉴意义。

■ 中国科学家屠呦呦领取诺贝尔生理学或医学奖

习近平主席在青蒿素问世50周年暨助力共建人类卫生健康共同体国际论坛的贺信中强调：中国愿同国际社会一道，密切公共卫生领域交流合作，携手应对全球性威胁和挑战，推动共建人类卫生健康共同体，为维护各国人民健康做出更大贡献。

我国将积极探索和完善中国方案抗疟有效性、安全性、抗药性等问题，继续深化全球青蒿素灭疟的应用与方案推广，惠及多个疟区国家上千万人民，并以此为契机进一步推动青蒿素防治疟疾策略及综合应用研发，助力中医药走向全球，共享中国疟疾防治经验，服务人类健康。

全球治理理论是顺应世界多极化趋势而提出的旨在对全球政治事务进行共同管理的理论。该理论最初由国际发展委员会主席勃兰特于1990年在德国提出。1992年，28位国际知名人士发起成立了“全球治理委员会”，并由卡尔松和兰法尔任主席，该委员会于1995年发表了《天涯成比邻》的研究报告。

根据“全球治理委员会”的定义，治理是各种公共的或私人的个人和机构管理其共同事务的诸多方式的总和。它是使相互冲突的或不同的利益得以调和并且采取联合行动的持续的过程，既包括有权迫使人们服从的正式制度和规则，也包括各种人们同意或以为符合其利益的非正式的制度安排。

当今世界，中国不可能独善其身，只有世界好，中国才能好。在推动世界经济复苏、政治解决国际和地区热点、应对各种全球性问题和挑战等方面，中国都没有缺席。这是国际社会的希望，也是中国的责任。

世界好，中国才能好

01 >>> 全球抗疫的中坚力量

新冠疫情的全球肆虐严重影响了人们的生产与生活，而免疫屏障的建立无疑会为新冠疫情大流行按下“刹车键”，乃至“终止键”。中国新冠疫苗走遍120多个国家和国际组织，中国向153个国家和15个国际组织提供抗疫物资，向34个国家派出37次抗疫医疗专家组。如果中国新冠疫苗有一本属于自己的护照，那么内页上一定盖满了世界各地的海关印章。从一衣带水的亚洲近邻，到远隔重洋的南美大陆，处处可见中国新冠疫苗的身影。中国疫苗已真正成为“世界的疫苗”“可及的疫苗”，给各国民众带来战胜疫情的希望和信心。

◎●◎“来了！中国疫苗！”

“来了！中国疫苗！”

这句话以千百种不同的语言口耳相传，在起伏反复的全球新冠疫情中传递应对的信心。世卫组织表示，目前全球已接种的十几亿剂新冠疫苗大部分集中在高收入和中高收入国家，而低收入国家接种率极低。在中国以外地区，每3次新冠疫苗的接种中，便有一次使用的是中国新冠疫苗。中国新冠疫苗成为全球公共产品，弥合“免疫鸿沟”，为全球疫苗公平分配做出重要贡献。

2022年7月14日上午，中国政府援助坦桑尼亚的300万剂国药新冠疫苗和注射器运抵达累斯萨拉姆。本批疫苗是中国向坦桑尼亚无偿援助的第四批新冠疫苗，此前，中国已对坦桑尼亚援助261万剂新冠疫苗，这些疫苗在坦桑尼亚应对疫情挑战、恢复经济和保护人民生命健康中发挥了重要作用。

尼泊尔卫生服务局局长辛格说，中国新冠疫苗的到来堪比“雪中送炭”，“我对中国表示衷心感谢，感谢中国政府和中国朋友一次次为尼泊尔雪中送炭……相信这批中国疫苗能帮助我们渡过难关”。

埃及卫生与人口部长哈莱表示，中国新冠疫苗就像一份“珍贵的礼物”，彰显了国际团结抗疫理念。“我代表埃及政府和人民向中国政府和人民表示衷心感谢，对中方在抗疫关键时刻向埃及提供支持和帮助表示高度赞赏。这份珍贵的礼物彰显了中方始终秉持的人道主义精神和国际团结抗疫理念，两国元首为双方进一步深化抗疫合作指引了前进方向。”

从亚洲到欧洲，从非洲到拉美，承载着希望的中国疫苗星夜兼程，跨越山海，给那里的人们带去希望与勇气，为当地抗击疫情、保护民众身体健康继续提供重要支持。

◎●◎ 助力多国撑起“健康之盾”

中国跑出的抗疫“加速度”并非一日之功。中国新冠疫苗和新冠治疗药物的研发取得了一项项重大进展：国产新冠灭活疫苗列入世界卫生组织紧急使用清单；国产二代重组蛋白新冠疫苗在阿联酋获批紧急使用；可在2—4摄氏度下长期保存国产mRNA新冠疫苗在海外进行三期临床试验；首款国产新冠病毒中和抗体联合治疗药物获批……

一项项成果给了我们对抗疫情更多的“武器”和“底气”。中国也始终展现负责任的大国担当，一直坚定站在疫苗国际合作的第一方阵。中国不但自身生产疫苗提供给发展中国家，并且还同多个发展中国家开展技术转让和合作生产，通过股权与技术转让等方式授权印尼、马来西亚、巴西、俄罗斯、阿联酋等国建立疫苗生产中心，生产中国疫苗，迅速推进疫苗大规模生产，在海外形成了10亿剂的新冠疫苗年产能，不但满足其本国需要，并向其他国家提供。

■ 中国疫苗跨越山海

从东南亚到非洲大陆，从中东到南美洲，捐赠疫苗、技术转让、合作生产……中国不断提高疫苗的可及性和可负担性，以实际行动践行“疫苗是全球公共产品”的承诺。中国疫苗跨越山海，持续促进全球公共卫生事业发展，共筑免疫屏障。中国始终同世界各国同舟共济、守望相助。

◎●◎ 传递战胜疫情的信心和希望

今天的世界，“没有人是一座孤岛”。后疫情时代，全球卫生治理更为复杂，正如世卫组织总干事谭德塞所言，我们结束新冠大流行的能力，将是对我们预防和有效应对未来大流行病集体能力的考验。边境落闸解决不了疫情反复，胡乱溯源应对不了病毒突袭。唯有在人类命运共同体理念之下，每个国家和地区才能与世界心手相连，尊重科学协力合作，多边互动理性携手，疫情才不至于成为文明进程的灾难，疫苗才能更公平地成为全球健康的护城河。

新冠疫情发生后，中国始终本着公开、透明、负责任的态度及时发布疫情信息，积极回应各方关切，努力加强同国际社会的合作。当面对一些国家和地区疫情数字攀升态势，中方感同身受、牵挂在心，尽管本国疫情尚未完全缓解，仍尽己所能伸出援助之手。在疫情阴霾的笼罩之下，中国疫苗像一缕阳光，为全球抗疫注入信心和希望。新冠疫情暴发以来，中国多次在国际场合积极推进疫苗国际合作进程，主张要让疫苗成为全球公共产品。自中国的首个新冠疫苗附条件获批上市以来，中国政府就坚定履行承诺，高度重视疫苗在发展中国家的可及性和可负担性，努力让疫苗成为各国人民用得上、用得起的全球公共产品。

大疫即大考，考验的不只是人类智慧，更是人们的良知和人品。疫情发生以后，中国采取了历史上最勇敢、最灵活、最积极的防控措施，构建起了防止疾病国际传播强有力的第一道防线。这次新冠疫苗对外援助，是新中国成立以来我国首次大规模对外提供疫苗援助。中国对外积极提供疫苗，并帮助其他国家生产疫苗，为全球疫情防控贡献了力量。

02 >>> 救死扶伤，大爱无疆

有那么一群人，他们甘忍亲人相隔之苦，甘冒殒命之险，在遥远的异域，不畏艰辛，为当地百姓消伤除痛，他们被当地百姓亲切地称为“中国医生”。这是一支无坚不摧的队伍，他们的眼里只有病人，而无国界之分，他们以精湛的医术和高尚的医德赢得了受援国人民的信赖和爱戴，被亲切地称为“穿白大褂的中国天使”。

◎●◎ 救死扶伤，到最需要的地方去

中国向发展中国家派出援助医疗队始于1963年。1963年4月，13名中国医务人员登上了北京开往莫斯科的国际列车，绕道前往北非的阿尔及利亚。他们此行开启了我国一项跨越了五大洲、延续了半世纪的伟大事业——援外医疗。

时任卫生部外事局副局长的李家惠回忆说，1962年阿

■ 2020年6月8日，在河北石家庄举行了中国第19批援刚果（金）医疗队行前集训会暨欢送仪式

尔及利亚独立，法国殖民者把医生一起撤走。阿尔及利亚政府向国际社会呼吁，希望能派医疗队去支援他们。1963年元旦，中国第一个向世界宣布，将派出医疗队支援阿尔及利亚。

这支救死扶伤的中国医疗队迅速赢得了阿尔及利亚民众的心，与当地人民结下了兄弟般的情谊。在阿方政府的强烈挽留下，中国医疗队从最初约定的半年又延长两年，在阿尔及利亚整整工作了两年半。在两年半的时间里，医疗队诊治37万多人次，做了3000多例手术，接生1000多个婴儿，而且从没发生过一次医疗事故。这些经过“中国医生”的手来到世上的婴儿，很多被他们的父母取名为“喜努华”，这个名字来自法文音译，直译成中文是“中国人”。

此后，从乞力马扎罗山到几内亚海湾，从尼罗河河畔到东非大裂谷，从广袤的非洲大草原到茂密的丛林深处，中国医疗队像珍珠般洒落在非洲大地上，并向亚洲、拉丁美洲、欧洲和大洋洲的发展中国家继续延伸。“你们为何而来？”每当医疗队在缺医少药的偏远地区被当地百姓问起，队员们总是回答说：“我们来为老百姓治病。”

◎●◎“最美逆行”，到最危险的地方去

援外工作并不是一帆风顺的，医护工作是公认的最危险职业之一，援外医疗更是危险中的危险。炎热的气候，频繁的停水断电，无处不在的致命病毒，手术室外的枪林弹雨……这就是援外医务人员每天的工作环境。

2014年，一场埃博拉风暴席卷非洲多地，肆虐的病毒导致上万人失去生命。为了帮助非洲国家打赢这场没有硝烟的战争，中国开展了前所未有的大规模卫生援外行动，向疫区及周边13个国家提供4轮1.2亿多美元的援助，派遣1200多名

医护人员，派出30余批公共卫生、临床医疗和实验检验专家组，累计检测病毒标本约5000份，收治患者800多名，完成公共卫生培训12471人次。来自中国各地和军队的医疗队员同受援国人民并肩奋战、风雨同舟，帮助疫区国家控制了疫情，最终成功实现了“打胜仗、零感染”目标，取得抗击埃博拉疫情的全面胜利，在国际舞台上展示了中国力量、中国情怀。此后，中国加大公共卫生援外力度，分别派出专家组协助安哥拉、圭亚那、马达加斯加等国防控黄热病、寨卡、鼠疫等疫情，还支持非洲疾控中心建设，帮助非洲国家建立符合国情和发展水平的公共卫生体系。

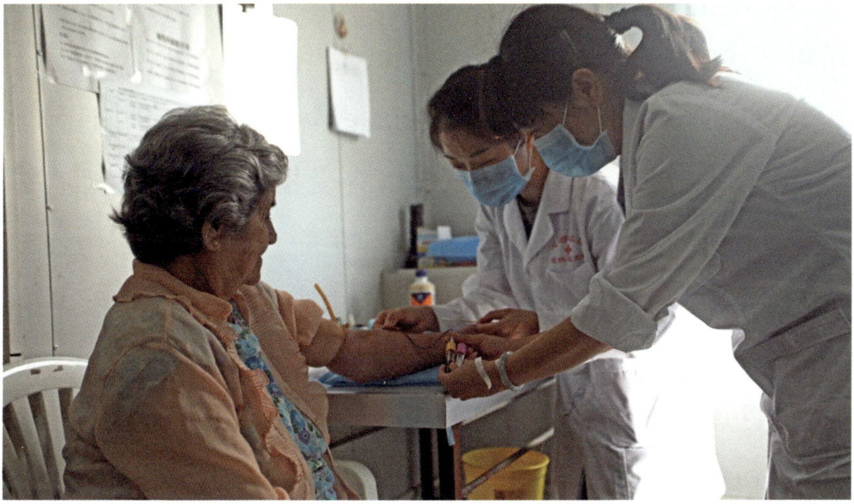

中国赴黎巴嫩维和医疗队为居民提供免费的医疗服务

夜以继日，风雨无阻。不论战火硝烟还是病毒蔓延，中国医疗队总是第一时间赶到患者最需要的地方。60年来，我国向非洲、亚洲、欧洲、大洋洲、北美洲、南美洲的76个国家和地区累计派遣医疗队员3万人次，诊治患者2.9亿人次。

◎●◎ 授人以渔，培养“不走的医疗队”

随着受援国需求的发展变化，我们不断创新援外医疗队工作，优化布局，探索医疗机构间对口合作，邀请受援国医务人员来华短期临床进修，派出短期义诊医疗队，卫生援外由单一的医疗援助逐步向涵盖公共卫生、医疗、对口合作、教育培训等在内的立体卫生援助方式转变。我国援外医疗也逐渐由单纯输出人员、技术向培育受援国医疗卫生服务能力，为各国“留下一支支永不离开的医疗队”方向努力。

一批又一批援外医疗队远离祖国和亲人，在各受援国政府和人民的支持下，克服困难，全心全意为广大发展中国家人民提供优质医疗服务。他们不仅治愈了大量传染病、常见病和多发病，还成功开展了心脏手术、肿瘤摘除、断肢再植等高难度手术，挽救了许多生命垂危的病人。他们不仅利用现代医疗技术，还将针灸推拿等中国传统医药技术以及中西医结合的诊疗办法带去，诊治了不少疑难重症。他们不仅承担了所在医院的主要诊疗任务，还通过临床带教、共同手术、举办专题讲座和培训班等各种形式，向当地医务人员传授医疗技术，为受援国培养卫生人才，留下了一支“不走的医疗队”。

◎●◎ 共建人类健康命运共同体

2013年3月30日，习近平主席在访问刚果（布）期间，亲切看望我国援外医疗队，首次提出“不畏艰苦，甘于奉献，救死扶伤，大爱无疆”的中国医疗队精神。援外医疗队成为中国与第三世界国家长期合作的典范。

中国医疗队被非洲当地人誉为：

白衣使者

南南合作的典范

最受欢迎的人

对外医疗援助，是我国和发展中国家之间开展时间最长的合作项目，援外医疗队员用勇气与担当践行人道主义精神，用仁心与博爱为世界带来温暖与希望。广大医疗队员以精湛医术和高尚医德救死扶伤、护佑生命，充分彰显了人道主义精神，有效推动了受援国卫生事业发展和民众健康水平提升，持续增进了我国与发展中国家的团结友谊，受到国际社会普遍赞誉。

一条条跨洋的航迹、一批批急需的物资、一个个援外的医疗专家组，勾勒出中国毫无保留、不求回报援助的清晰轮廓；一次次经验分享、技术交流，冲破语言隔阂、克服文化差异，联结起各国民众命运与共的心灵纽带。援外医疗队为促进受援国卫生事业的发展，提高人民健康水平和增进中国人民与发展中国家人民之间的友谊和信任，做出了杰出贡献。医疗援外的脚步一直未曾停歇，共建人类健康命运共同体的大国担当，让中国将援外医疗事业坚定不移地进行下去。

03 >>> 南南合作中的中国贡献

南南合作指的是发展中国家之间的合作，是全球发展中国家间就知识、经验、政策、技术和资源等发展方案进行分享交流的合作机制。由于这些国家多位于南半球和北半球南部，人们习惯于称这些国家为南方国家，它们之间的合作也因此被称为南南合作。

南南合作是广大发展中国家共谋发展、深化合作的国际机制, 也是南方国家合力参与全球治理的关键途径, 更是他们面对国际重大事务协调彼此立场的有效平台。作为发展中国家，中国一直是南南合作的积极倡导者和重要参与者。长期以来，中国积极支持和参与各领域的南南合作，推动南南合作发展。

◎●◎ 南南合作的中国身影

南南合作始于20世纪中期殖民主义体系土崩瓦解、民族解放运动风起云涌之际。当时，刚刚获得民族独立的广大亚非拉国家，为摆脱发达国家特别是前宗主国的经济控制和剥削，尽快实现经济独立和自强，开始探索相互间的经济技术合作问题。1955年在印度尼西亚召开的亚非会议（万隆会议），被公认为南南合作的开端。

1955年，周恩来总理率团参加万隆会议，此次会议不但促进了原料生产国和输出国组织的建立，同时还明确提出了发展中国家开展资金和技术合作问题。即使是在20世纪六七十年代，虽然中国自身的经济和社会发展出现严重问题，但始终没有停止参与并支持南南合作。中国提供多种帮助修建坦赞铁路，持续不断地派遣医疗队到非洲国家医治病患，在南南合作史上留下浓墨重彩的一页，受到国际社会，特别是广大发展中国家的普遍好评。

1983年，中国改革开放不久，举办国际会议和多边活动经验非常有限，但却成功地承办了第二次南南合作会议，在国际上产生了很大影响。此后，中国本着“平等互利、注重实效、长期合作、共同发展”的原则，广泛参与南南合作事务。推进南南合作成为中国全方位对外开放战略的一部分，合作规模不断扩大，合作内涵不断丰富，合作的水平和效益不断提高。

◎●◎“幸福草”助力扶贫发展

菌草技术发源于中国，造福于世界，是中国在推进减贫脱贫过程中摸索出的一项成功实践，也是中国助力全球可持续发展所做出的一项重要贡献。1986年，林占熺发明了菌草

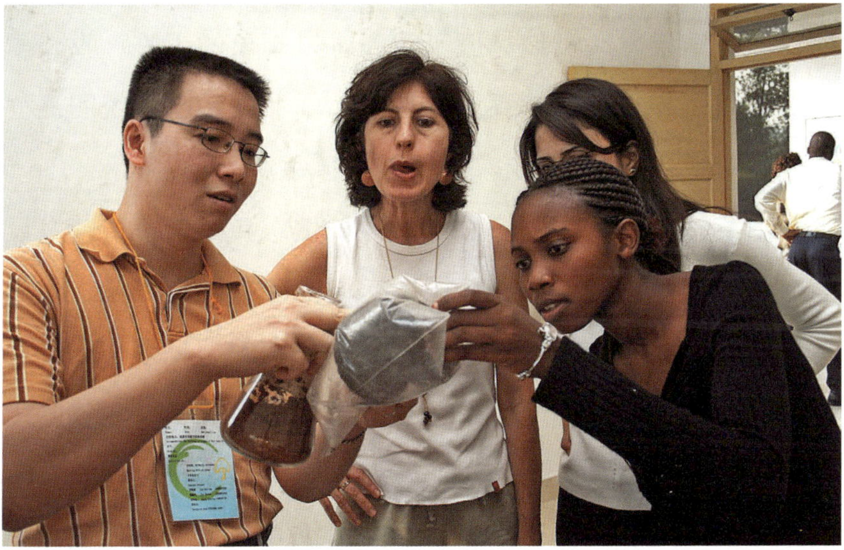

外国友人参加菌草技术培训班

技术——运用菌草栽培食用菌、药用菌和生产菌物饲料、菌物肥料等综合利用的技术。2001年，习近平同志在福建工作期间，亲自推动菌草技术援助项目在巴布亚新几内亚落地。如今这一技术已推广至全球100多个国家。

小小一株草，情牵万里长。多年来，菌草中心团队秉持“发展菌草业、造福全人类”的坚定信念，创造性地完成菌草技术援外任务。从1992年开始，菌草先后在日内瓦、巴黎获得国际发明奖项，菌草技术走向世界由此起步。菌草的种子越播越远，菌草技术援外“约法三章”，要求时刻把“人民”放在心上、把“国旗”写在脸上，让菌草技术落地生根、开花结果。队员们克服了常人难以想象的困难，收获了受援国政府和人民的赞誉。2019年，中非共和国总统图瓦德拉为菌草中心团队6位专家授予国家感谢勋章。

菌草技术是一项着重扶贫、保护生态和促进可持续发展的综合性技术，将助力有关国家落实消除贫困和饥饿、促进粮食安全等多项可持续发展目标。“小而美、见效快、惠民生”的菌草技术给当地创造了数十万绿色就业机会，成为中国援外扶贫的品牌。截至目前，中国先后举办333期菌草技术国际培训班，培训学员1万多人次，在17个国家建立了菌草技术试验示范中心或基地。如今，菌草已在全世界“圈粉”，有效助力所在国家解决贫困、水土流失、荒漠化等问题，被誉为“中国草”“幸福草”“太阳草”“一带一路信使”。

◎●◎ 新时代搭建南南合作平台

2015年9月，习近平主席在纽约出席联合国成立70周年系列峰会并主持召开南南合作圆桌会时，宣布将设立南南合作与发展学院等一系列务实合作举措。

2016年4月，南南合作与发展学院在北京大学正式成立。来自不同国家的学员们走进校园，深入了解和学习中国的发展经验。“在南南合作与发展学院的留学经历，让我获益良多。”埃塞俄比亚前国家计划委员会官员格塔丘·阿德姆·塔希尔表示。2019年，格塔丘来到南南合作与发展学院攻读理论经济学（国家发展）专业博士学位。在华期间的两次考察学习给他留下深刻印象：在广东省深圳市，“我们了解到从昔日小渔村‘逆袭’成现代大都市的奇迹”；在河南省平舆县，“我们学习了当地在脱贫攻坚和县域经济发展等方面的成功实践经验”。在他看来，南南合作与发展学院以核心课程、政策讲座、实地调研为一体的人才培养模式，“使我们的眼界更加开阔，可以让我们回国后会从不同角度

观察和思考问题，更好地借鉴中国经验”。

南南合作援助基金积极支持发展中国家落实2030年可持续发展议程、应对人道危机、实现减贫和发展，联合国的机构、基金和各计划署与南南合作援助基金密切协作，高效、可持续地推出大批人道主义和发展项目。自2015年宣布成立以来，南南合作援助基金积极支持联合国机构等实施伙伴，在亚非拉等近百个发展中国家开展了医疗卫生、粮食援助、妇女儿童、人道主义援助、教育与能力建设、救灾减灾等领域援助项目，惠及近2000万受援国民众。

授人以鱼，不如授人以渔。如果说南北援助是“授人以鱼”的“输血”型援助，南南合作则是“授人以渔”，帮助发展中国家增强自身的“造血机制”。在对外援助和合作中，中国本着南南合作的核心要义，“尽量减少受援国的负担”“对外提供的任何一种技术援助，都要保证受援国人员充分掌握这种技术”“帮助受援国逐步走上自力更生、经济上独立发展的道路”。

2015年9月26日，习近平主席在纽约联合国总部出席联合国发展峰会，发表题为《谋共同永续发展　做合作共赢伙伴》的重要讲话。习主席在讲话中宣布，中国将设立“南南合作援助基金”，首期提供20亿美元，支持发展中国家落实2015年后发展议程。习主席在2017年5月“一带一路”国际合作高峰论坛开幕式上宣布向南南合作援助基金增资10亿美元。

南南合作援助基金的设立，是中国政府支持2030年可持续发展目标、支持其他发展中国家可持续发展的重要工具之一，是中国政府重视南南合作、支持南南合作的具体行动，是中国作为负责任国家欢迎各国搭乘中国发展“便车”、实现共同发展的重要体现。

中国发展得益于国际社会，中国的发展也是世界的机遇。中国经济的快速增长，为全球经济稳定和增长提供了持续强大的推动。中国同一大批国家的联动发展，使全球经济发展更加平衡。中国减贫事业的巨大成就，使全球经济增长更加包容。中国改革开放持续推进，为开放型世界经济发展提供了重要动力。中国将继续奉行互利共赢的开放战略，欢迎各国搭乘中国发展的“快车”。

中国好，世界才更好

01 >>> 搭乘中国发展“快车”

中国始终坚持对外开放基本国策，奉行互利共赢的开放战略，不断提升发展的内外联动性，在实现自身发展的同时更多惠及其他国家和人民。中国向全世界做出庄重承诺，中国人民张开双臂欢迎各国人民搭乘中国发展的“快车”“便车”。

◎●◎ 中欧班列跑出共赢加速度

古有丝绸之路驼铃阵阵，今有中欧班列引擎不息。中欧班列构建了一条全天候、大运量、绿色低碳的陆路运输新通道，是国际运输服务体系的重大创新，也是中国与沿线国家深化合作的重要载体。

德国老工业基地鲁尔区的杜伊斯堡港曾因煤炭业的衰落一直在转型中挣扎。中欧班列的到来让它迅速成长为欧

截至2022年年底，中欧班列共铺画了82条运输线路，通达欧洲24个国家200多个城市，运输服务网络覆盖了欧洲全境，形成了贯通欧亚大陆的国际运输大动脉。

中欧班列运输价格是航空的1/5，运行时间是海运的1/4，受自然环境影响小、稳定性高，对具有一定运量规模和时效性要求较高的产品，具有很强的吸引力。

截至2022年8月，中欧班列运行量是2011年开通当年的近900倍，运输货物品类涵盖汽车整车、机械设备、电子产品等53大门类、5万多个品种，货值累计近3000亿美元。

■ 中欧班列“加速跑”

洲物流中心。渝新欧德国仓库工作人员托马斯·克拉伊尼基说：“我从2019年9月开始在这里工作，现在明显感觉活变多了。从小的轻工业产品到大的机械，应有尽有。我都55岁了，竟然还能获得一份固定的工作合同，这在德国可不常见。”一列列飞驰在中欧之间的“百宝箱”，为杜伊斯堡这样的城市带去新的机遇，也让像托马斯这样勤劳的人过上了更好的生活。

中欧班列不仅是国际经贸合作的重要桥梁、与沿线国家深化合作的重要载体，也是推动区域经济发展的重要支撑、保障产业链供应链安全的“生命通道”。中欧班列正是由于已成为名副其实的国际公共产品，才不断展现出强大的发展韧性和增长潜力。

◎●◎ 中国大市场 世界大机遇

“来尝尝越南的榴莲饼”“试试最新的防晒黑科技”“感受一下AI按摩椅”……在2022年中国国际消费品博览会现场，这样热情的声音接连不断。这是参展商向采购商、向消费者发出的邀请，同样是中国向世界发出的邀请：欢迎各国企业搭乘中国发展“快车”，共享中国市场机遇。

作为世界第二大经

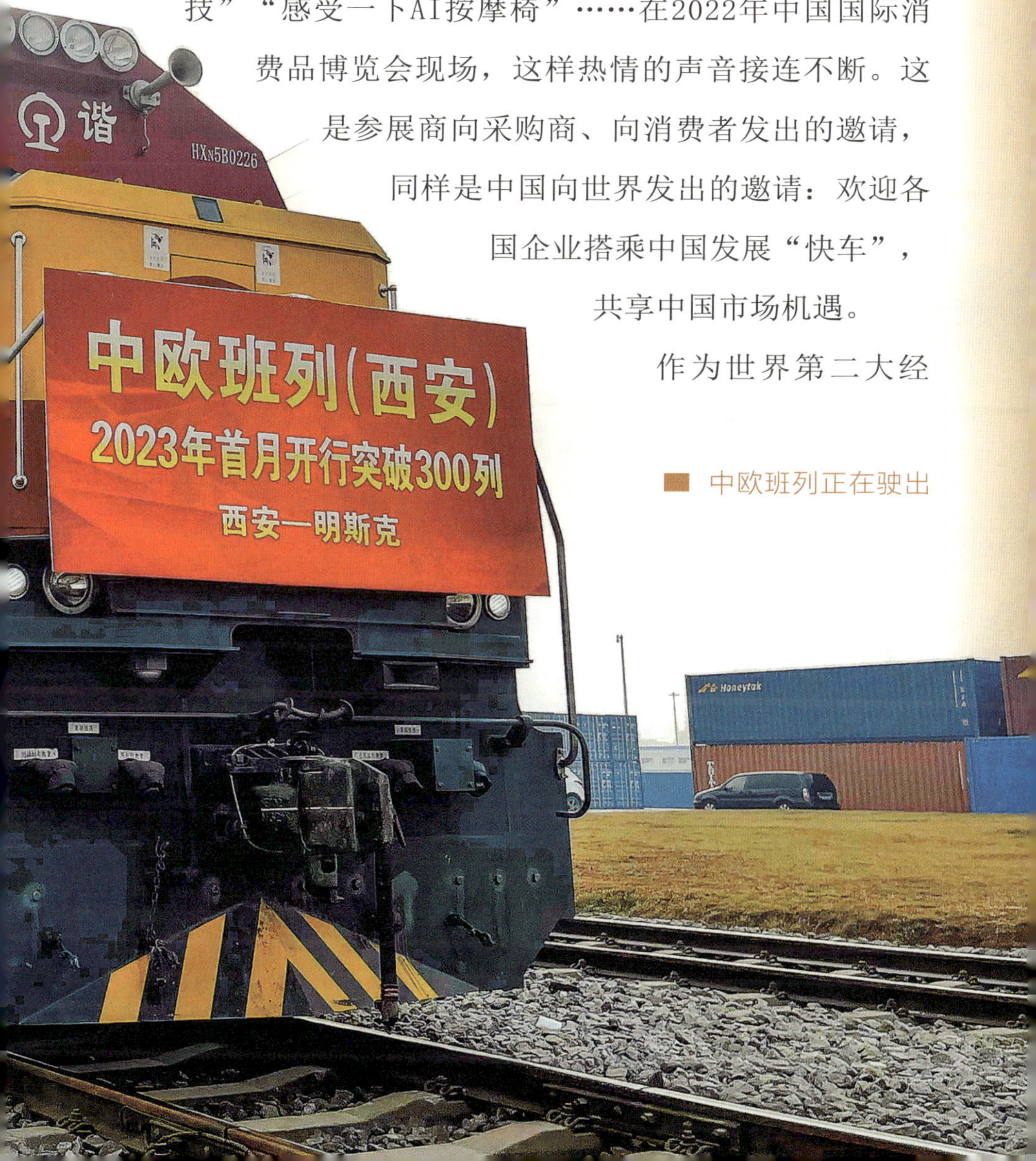

■ 中欧班列正在驶出

济体，中国经济增速在世界主要经济体中名列前茅，连续多年对世界经济增长贡献率稳居世界第一，是世界第一大货物贸易国及全球最大的旅游市场，在全球经济持续低迷的严峻形势下保持了稳中向好的发展态势。在开放的世界市场中，中国创造出的新需求在进一步开放的政策中势必向其他国

第二届消博会现场人潮涌动，西班牙火腿吸引了人们来品尝

家外溢，为世界各国提供新机遇。

> 从“开放中国，海南先行”到“共享开放机遇　共创美好生活”，消博会主题中，“开放”是不变的基调。在海南积极建设自由贸易港的背景下，消博会在此举办，传递出中国扩大开放的鲜明信号。

消博会是我国实行高水平对外开放的新窗口，充分反映出中国始终坚持对外开放基本国策，坚定不移推动全球化向前发展的决心，坚持以自身开放推动世界共同开放。在全球疫情持续之际，线下举行大型外贸展会，释放了中国经济长期向好的信号。稳定的产业链供应链，良好的营商环境，不断扩容提质的消费市场，蓬勃发展的新业态，共同铸就这份韧性。对世界而言，这是不容错过的巨大机遇。

中国在融入世界中获得发展，又以扩大开放反哺世界。“一花独放不是春，百花齐放春满园。”习近平主席指出：“开放已经成为当代中国的鲜明标识。中国不断扩大对外开放，不仅发展了自己，也造福了世界。”奉行互利共赢的开放战略，不断创造更全面、更深入、更多元的对外开放格局，是中国的战略选择。

02 >>> 授人以鱼，不如授人以渔

“授人以鱼，不如授人以渔。”这句流传甚广、深入人心的老话，其中所蕴含的道理既浅显又深刻，深深地影响了一代又一代中国人，也深深地影响着中非交往真诚友好的相处之道——中国在助力非洲发展时，不仅“授人以鱼”，通过“输血”提供不附加任何政治条件的对非援助，更“授人以渔”，传授给非洲人民解决发展问题的知识和方法，提高其“造血”功能，以实现可持续发展。这是古老的中国智慧，也是共商共建共享的中国方案，更是人类命运共同体的中国情怀。

◎●◎ 杂交水稻助非消饿减贫

“足寒伤心，民寒伤国。”中国和非洲一样都对贫困有着切肤之痛。非洲是世界上最贫困的大陆。帮助非洲脱贫，

■ 非洲记者走进湖南杂交水稻研究中心

超级杂交稻技术是中国农业科技的结晶，也是中国解决十几亿人口吃饭问题的“重器”。从1996年至今，中国政府通过与联合国粮农组织和受援国政府三方实施南南合作项目，已先后向毛里塔尼亚、加纳、埃塞俄比亚等非洲国家派出农业专家和技术人员，示范、推广杂交水稻技术。

一直是中国同非洲国家合作的重要目标。

马达加斯加是世界上除亚洲国家外生产稻谷历史最长的国家，因品种老化严重、种植管理粗放，水稻在这里发展缓慢，每年要进口20万至40万吨的大米才能满足本国需求。在2006年举行的首届中非合作论坛领导人峰会上，中国承诺在非洲建立10个特色农业技术示范中心。正是那一年，袁隆平第一次带领他的杂交水稻团队来到非洲马达加斯加，开启了15年的农业援非之路。当时马达加斯加的水稻产量仅每公顷2.5吨，而如今这一数字翻了3倍还多，达到了8吨，比当地品种多产100%—300%。从最初被当地人称为“魔稻”，到后来的“擦拉贝”（当地语言意为“最好的东西”），再到被印在面值2万阿里亚里的马达加斯加新版纸币上，杂交水稻让这个国家的2500万人实现了粮食的自给自足。

一批批杂交水稻专家通过中国援非项目相继入非。中国团队通过选种、育种、示范种植、推广、制种实验、培训，为非洲企业和农民提供一条龙服务。杂交水稻在非洲也从最初的公益援助项目走向公益与产业结合的模式。十几年的付出，中国的杂交水稻除了在马达加斯加，还在非洲的16个国家都结出了金黄的稻穗。“喜看稻菽千重浪”，中国科学家在人类反饥饿史上书写了光辉的一页。

◎●◎ 非洲青年赴华创业，汲取发展智慧

改革开放40多年来，中国积累了诸多理论成果和实践经验，涌现出许多新技术、新产业和新业态，吸引了众多非洲青年来华“取经”，帮助所在国发展。地处湖南长沙岳麓区后湖国际艺术园的“合作中心”，目前已有来自贝宁、加蓬、肯尼亚、刚果(金)、喀麦隆等14个国家和地区的非洲创业青年入驻。

在湖南生活近10年的贝宁青年小布在湖南-非洲企业合作中心成立了自己的国际贸易公司，将在贝宁加工好的塑料粒运到中国做成电视机、空调等产品，再卖到非洲各地。小布所在公司目前已与加纳、埃及、肯尼亚等多个非洲国家有

肯尼亚姑娘到阿里“取经”

合作往来。他还想把建筑建材、药品等长沙优势产业和中国太阳能技术带到非洲，并向中国食品企业“取经”，帮助贝宁改善腰果生产条件和包装设计。

今年即将从中南大学建筑专业毕业的卢旺达青年尼克已在“合作中心”注册贸易进出口公司，他想通过创业学习中国发展环保建筑的技术和经验，同时帮助卢旺达在中国寻找建筑领域交流合作企业。

“中非合作模式不是简单的贸易往来，中国给非洲带去了技术和发展经验，是非洲真正的合作伙伴。”肯尼亚青年凯文认为，有很多湖南和非洲在经贸领域合作的案例范本、实操指南，十分值得借鉴，希望自己能助力肯尼亚和中国扩大经贸往来。在凯文的努力下，一批批肯尼亚咖啡、皮革制品被销往中国，而中国的机械、电子产品也被带到肯尼亚。“我的国家农业发展缓慢，很多人不知道使用机械，我也想了解中国农业现代化的经验和技术。”凯文希望成为肯尼亚和中国合作的“桥梁”，他将自己的贸易公司取名为“CONNECT（连接）”。

03 >>> 中国发展经验的世界效应

不盲目追随别人，始终将自身的国情、发展情况放在第一位，这使中国成为世界上唯一没有陷入金融危机、经济危机、财政危机的主要经济体，并且人民生活水平大幅度提高，现在还走到了世界第四次工业革命的最前沿，中国在一次次历练中总结经验教训，形成了一整套经得住考量的“中国发展经验”。

◎●◎ 民为邦本，本固邦兴

民生为大，人民是国家的基石，而民生问题决定一个国家的命运和前途。中国过去40年的一条重要经验就是，一个发展中国家一定要以民生为大，把消除贫困、改善民生当作核心的人权来推动，从这个理念出发，中国先后提出的“温饱”“全面小康”“两个一百年”等都体现着这种民本思想。

◎●◎ 有为政府，混合经济

作为“文明型国家”，中国有着完全不同的历史传承，中国在过去2000多年的历史长河中，主要都是统一的政治集团，领导这样的国家的执政团体，只能是代表国家的整体利益的。在当代中国的政治体制中，党负责“总揽全局，协调各方”，带领我们将小我融入国家。中国现在的经济体制是“社会主义市场经济”，这种体制本质上是一种混合经济，“看得见的手”和“看不见的手”混合，市场力量和政府力量的混合，国有经济的作用和民营经济作用的混合，既发挥市场经济支配资源的高效，也确保社会主义宏观整合的长处。

◎●◎ 稳定优先，渐进改革

“稳定压倒一切”是邓小平理论中的一个基本观点。在坚持“以经济建设为中心”不动摇的同时，必须时刻维护稳定这个大局。对改革的领导者来说，改革既是为了发展，也要服从稳定，发展成效被用来检验改革道路的正确与否，稳定则为进一步改革创造条件。渐进改革确立了比较正确的顺序差异，改革在很多情况下不是一步到位的，是分轻重缓急的，“摸着石头过河”使得绝大多数改革没有要求一步到位，但总体上保证了整个改革进程的连续性。对外开放，同时“以我为主，绝不盲从”。

邓小平认为中国近代落伍的主要原因是闭关自守，所以他大力推动中国全方位开放，融入国际市场，参与国际竞争，在竞争中改进自己、发展自己，从而建立起一个经得起比较的国家、经得起比较的制度，但在整个开放的过程中，我们都是有选择地借鉴别人的经验。

现代化是现代文明发展与进步的显著标志，是世界历史演进的必然过程。简单地说，“中国发展经验”实质上就是中国作为一个发展中国家在全球化背景下实现社会现代化的一种战略选择，它是中国在改革开放过程中逐渐发展起来的一整套应对全球化挑战的发展战略和治理模式。实践证明，中国开辟的社会主义现代化之路，打破了“现代化就是西方化”的神话，拓展了发展中国家走向现代化的途径，给世界上那些既希望加快发展又希望保持自身独立性的国家和民族提供了全新选择，为解决人类问题贡献了中国智慧和中国方案。

《北京共识》是美国《时代》周刊高级编辑、美国著名投资银行高盛公司资深顾问乔舒亚·库珀·雷默发表的一篇调查论文，指出中国通过艰苦努力、主动创新和大胆实践，摸索出一个适合本国国情的发展模式。他把这一模式称为“北京共识”。

乔舒亚·库珀·雷默指出，“北京共识”具有艰苦努力、主动创新和大胆实验（如设立经济特区），坚决捍卫国家主权和利益（如处理台湾问题）以及循序渐进（如“摸着石头过河”）、积聚能量和具有不对称力量的工具（如积累4000亿美元外汇储备）等特点。它不仅关注经济发展，同样注重社会变化，也涉及政治、生活质量和全球力量平衡等诸多方面，体现了一种寻求公正与高质量增长的发展思路。

国际社会日益成为一个你中有我、我中有你的命运共同体，世界各国都是平等合作的全球发展伙伴。在全人类共同面临的风险和挑战面前，各国应该超越差异和分歧，发挥各自优势，推动落实2030年可持续发展议程，减少全球发展不平衡，奏响新时代的合奏曲，推动经济全球化朝着更加开放、包容、普惠、平衡、共赢的方向发展，让发展成果惠及世界各国，让人人享有富足安康。

新时代的合奏曲

01 >>> 中国结，连接世界

位于北京奥林匹克公园中心区的亚洲基础设施投资银行（简称亚投行）总部大楼，从高空俯视为“中国结”造型，寓意“中国结，连接世界”。合作而非竞争，是亚投行与现有多边开发银行关系的主题。

◎●◎ 亚投行应运而生

薄弱的基础设施，一直是阻碍亚洲经济发展的主要原因。从2010年亚洲开发银行的数据统计来看，在2010年至2020年期间，亚洲发展中国家基础设施投资总需求高达8万亿美元，年平均投资约需7300亿美元，而现有的多边开发银行在亚洲基础设施领域的年度投资规模仅约为100亿至200亿美元，远远不能满足上述需求。2013年10月2日，中国国家主席习近平访问印度尼西亚时第一次正式提出：“为促进本地区互联互通建设和经济一体化进程，中方倡议筹建亚洲基础设施投资银行，愿向包括东盟国家在内的本地区发展中国家基础设施建设提供资金支持。”因此，亚投行应运而生。

◎●◎ 搭车亚投行，家家有故事

由于内政外交政策差异，各方加入亚投行的决策过程不尽相同，有些颇为顺利，有些则上演了“经贸系”和“外交系”之间的博弈，有的则观望犹豫，纠结反复。透过这些决策故事，可以切实感受到各方对于中国发展与合作共赢理念的认同，对构建利益均沾、繁荣共享命运共同体的期许。

2015年3月12日是社交媒体被英国加入亚投行刷屏的一天。对于英国成为首个公开宣称加入亚投行的西方大国，首相戴维·卡梅伦说，会有一些时候，英国选择不同于美国的路径，是出于英国国家利益的考虑。财政大臣乔治·奥斯本则表示，英国要成为第一个“吃螃蟹的人”，是要在类似亚投行的国际机构创建时体现“存在感”。他的理由是，英国加入亚投行带来的商业利益将超过可能引发的“外交骚动”。

法国主流媒体《费加罗报》把围绕亚投行的博弈描述为

一场“以金融为武器的影响力之战”。他们说，德意法等欧元区主要国家纷纷加入亚投行，是因为欧洲人纷纷把加入亚投行视为进入亚洲市场的新跳板。“他们不希望自己留在站台上，眼睁睁看着中国投资列车驶过。”

韩国政府3月26日宣布申请加入亚投行之后，韩国媒体终于松了口气。在此之前，韩国多家媒体连续两三次闹出乌龙，在政府还没宣布正式消息之前就提前“抢跑”。一些媒体甚至急于“催促”韩国政府加入。韩国政府宣布加入亚投行之后，《中央日报》立即发表社论，称韩国政府加入亚投行是“正确决定”，甚至颇为遗憾地表示，如果早点提出申请，可能会在亚投行份额分配或高层分配中占据有利地位。

◎●◎ 亚投行的亮眼业绩

亚投行于2016年开始运营，有57个创始成员国（域内37个和域外20个）。截至2022年年底，已经有104个获得批准的成员，约占全球人口的79%和全球GDP的65%。

亚投行的任务是专注于基础设施建设。它以稳健的银行业务原则、高项目标准、多边治理为基础，致力于实现财务和环境的可持续性。

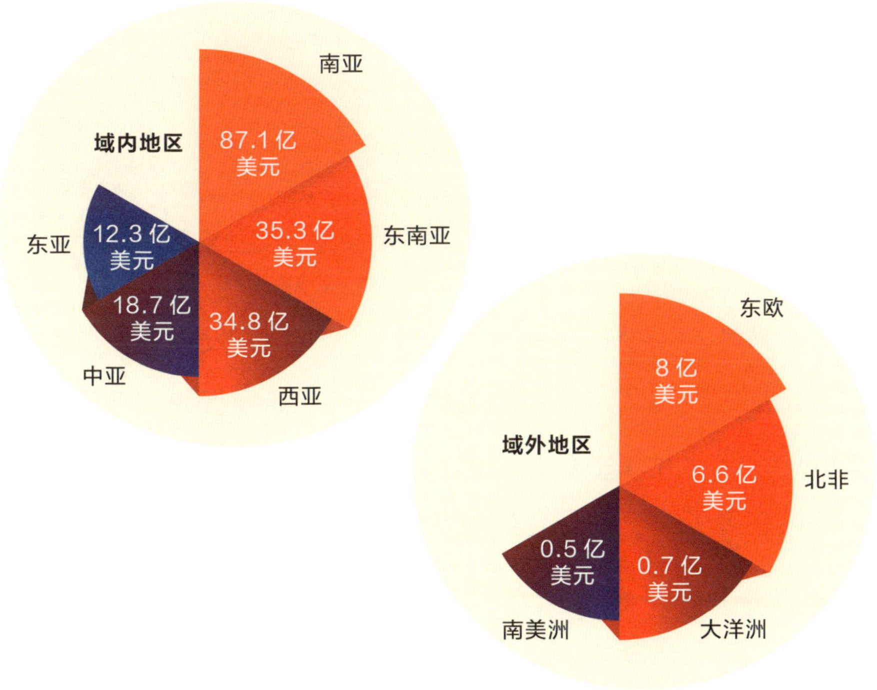

■ 亚投行开业五年累计投资金额

自2017年以来，亚投行已获得顶级信用评级机构——标准普尔、穆迪和惠誉——的AAA评级，前景稳定。业界对亚投行稳健财务状况的认可，使亚投行能够通过成功发行全球债券来扩大亚投行在国际资本市场的影响力，并使亚投行能够通过以当地货币计价的债券发行和私募配售来扩大资金来源。2018年，亚投行获得联合国大会和联合国经济及社会理事会常任观察员地位，这两个机构是联合国注重发展的主要亚投行按照多边开发银行模式和原则运作，坚持国际性、规范性、高标准，实现良好开局，为促进亚洲及其他地区基础设施建设和互联互通发挥重要作用。

机构。另外，亚投行分别与世界银行、亚洲开发银行和欧洲复兴开发银行签署了共同融资框架协议。亚投行还与亚洲开发银行、欧亚开发银行、欧洲复兴开发银行、欧洲投资银行等机构签署了关于联合合作的备忘录。

02 >>> “陆锁国”变身“陆联国”

基础设施互联互通是“一带一路”建设的优先领域。几年来，在“一带一路”倡议的引领下，中国发挥在基础设施及相关领域建设的优势，积极推动“一带一路”沿线交通、能源、通信等互联互通建设。在中国与“一带一路”沿线国家的共同努力下，雅万高铁、中老铁路、亚吉铁路、匈塞铁路等铁路项目陆续建成并投运，共同建设的瓜达尔港、比雷埃夫斯港等港口，原油和天然气管道以及跨境电缆等一大批互联互通项目已建成并投入使用。

◎●◎ 黄金大通道：中老铁路

老挝，是东南亚唯一的内陆国，山地和高原占国土面积的80%，交通可以用“极度不发达”来形容，因此也被称为“陆锁国”。中老铁路建成前，老挝仅有一段长约3.5公

中老铁路元江双线特大桥横跨哀牢山的两座山峰，红色的钢铁桥身横亘在元江上，将隔江相望的两座山峰连接起来，天堑变通途

里的铁路连接泰国。交通瓶颈“锁”住了老挝经济发展，也“锁”住了民众的内外往来。变“陆锁国”为“陆联国”，是老挝人的梦想。

从最早一批建设者到来，老挝当地百姓的生活，已悄然发生了改变。坐车从琅勃拉邦到乌多姆塞省班那汉村，要花近两个小时。沿途的村庄有些简陋，当地人出行的便道不少是因修铁路而建。100多公里长的施工便道连通沿途村庄，让村民们少了翻山越岭之苦。“老挝的交通条件不好，出门最常坐的就是‘突突车’（当地一种载客的三轮车）。”希邵说，“我从来没有坐过火车，这条铁路的建成将圆我的‘火车梦’。”以前，老挝人出行主要靠“13号公路”，去一趟万象坐车要十几个小时。中老铁路的修通，带来的变化将是翻天覆地的。身边好多亲友都向他“打探”铁路消息。“身边有的亲戚、朋友，想等铁路修通后，到中国去看一看，看看中国是什么样。”希邵说。

如今，希邵和亲朋好友的梦想成真了。截至2023年6月，中老铁路已累计发送旅客1640万人次，发送货物2100万吨，充分展现了黄金大通道的效应。

◎●◎ 运输生命线：亚吉铁路

作为“非洲之角和平发展构想”中“两轴+两岸”发展框架的重要一轴，亚吉铁路始终坚持开拓客货运市场，丰富服务内容，开辟了冷链运输、小汽车运输、夕发朝至客车、便民列车，同时以铁路无轨站的形式与沿线工业园沟通，构建产业带与经济带，带动埃塞俄比亚与吉布提两国经济社会发展。

亚吉铁路克服新冠疫情带来的困难，运量逆势上升。抗击疫情期间，亚吉铁路“运输生命线”作用充分显现，随着乌克兰危机爆发，国际原油价格持续走高，埃塞俄比亚出现严峻的燃油短缺，加油站无油供应，公路运输基本停滞。值此之际，亚吉铁路发挥电气化优势，积极组织运输食用油、化肥等重要物资。截至2022年7月，亚吉铁路协助埃塞俄比亚进口15.37万吨化肥、3万吨小麦以及2万吨食用油，及时缓解了该国的压力，稳定了消费市场。而在疫情期间，亚吉铁路全力保证埃塞俄比亚粮食、化肥、防疫物资的进口，助力该国政府稳民生、抗疫情、保增长，为埃塞俄比亚、吉布提两国的经济社会发展做出了突出贡献。亚吉铁路已成为埃塞俄比亚与吉布提两国的国民经济大动脉、埃塞俄比亚人民的生命线，为确保国家经济活动和应急系统正常运转提供了强大后勤支撑。亚吉铁路沿线还兴建起不少工业园，提供了大量就业岗位，显著改善了当地民众生活水平，形成一条“富有活力的经济带”。

亚吉铁路是非洲第一条跨国电气化铁路，由中国中铁下属的中铁二局和中国土木工程集团有限公司联合承建并运营，连接埃塞俄比亚与吉布提。亚吉铁路正成为埃塞和吉布提两国的国民经济大动脉、东非高原的生命线。

◎●◎ 繁荣发展之路：蒙内铁路

肯尼亚的蒙内铁路是中国在非洲大陆承建的两大极具影响力的世纪工程之一，被誉为“繁荣发展之路”。蒙内铁路全长约480公里，是肯尼亚独立以来最大的基础设施工程。

01 通车一年，每天就有5趟货运列车穿行于首都内罗毕和东非第一大港蒙巴萨之间，节省了至少40%的物流成本。

02 截至2022年8月，为肯尼亚民众提供的新就业岗位涵盖了5大专业、123个工种，累计招聘使用当地员工3000余人。

03 在修建蒙内铁路过程中，扩建了肯尼亚铁路培训学校、建立了技术人员培训基地，累计培训当地员工4.5万人次。

04 组织大批肯尼亚青年赴中国学习铁路运营，帮助当地女性就业，让肯尼亚从此拥有了第一批女火车司机。

05 通车一年，就带动肯尼亚GDP增长约1.5%，累计为当地直接创造4.6万个就业岗位，极大地推动了肯尼亚工业化进程和经济转型。

■ 蒙内铁路助力“非洲梦”

03 >>> 中国大市场，世界大机遇

中国是全球最具潜力的大市场，而比市场规模更大的，是开放合作的广阔胸襟。面对风浪和挑战，中国坚定不移扩大开放，同各国分享发展机遇、推动全球经济复苏。以海纳百川的胸怀拥抱世界，以互利共赢的行动携手前行，中国大市场将迸发出更大能量，更好造福各国人民。

中国国际进口博览会（CIIE），简称“进口博览会”“进博会”等，由中华人民共和国商务部和上海市人民政府主办，中国国际进口博览局、国家会展中心（上海）承办，为世界上第一个以进口为主题的国家级展会。

举办中国国际进口博览会由国家主席习近平亲自谋划、亲自提出、亲自部署、亲自推动，是中国着眼推进新一轮高水平对外开放作出的一项重大决策，是中国主动向世界开放市场的重大举措。

■ 中国国际进口博览会技术装备展区，吸引着人们驻足观看

◎●◎ 世界的市场

2017年5月14日，习近平主席在"一带一路"国际合作高峰论坛开幕式上宣布，中国将从2018年起举办中国国际进口博览会。举办进博会，是中国着眼于推动新一轮高水平对外开放作出的重大决策，是中国主动向世界开放市场的重大举措。这体现了中国支持多边贸易体制、推动发展自由贸易的一贯立场，是中国推动建设开放型世界经济、支持经济全球化的实际行动。进博会展览规模越来越大，溢出效应也越来越强，据统计，前5届进博会共发布新产品、新技术和新服务近2000项，累计意向成交额近3500亿美元。进博会让展品变商品、让展商变投资商，交流创意和理念，联通中国和世界，成为国际采购、投资促进、人文交流、开放合作的四大平台，成为全球共享的国际公共产品。

◎●◎ 共享的市场

生活在秘鲁一个小镇的玛玛尼是羊驼工艺品工匠，有祖传三代的手艺，以前在街边摆摊，每天只能挣十几美元。因为进博会，来自中国的订单从最初的每年1万美元，增加到如今的每月5万美元。200多名像他这样的秘鲁手工艺人，从此有了稳定收入。“如果没有中国需求，很多像我这样的手艺人就要失业了！”玛玛尼感慨道。

如今，进博会已不仅仅是一个会期内“买全球、卖全球、惠全球”的展会。除了展会签约，还通过“进博会走进地方”等活动，搭建平台，组织参展商实地考察、精准对接，让展品变商品、让参展商变投资商。强大的平台、便捷的机制，让进博会成为许多全球新品的首发地、前沿技术的首选地、创新服务的首推地。德国制药企业勃林格殷格翰第一次参展，就拿下了2亿元人民币的合同；第二次参展，就让首次进入中国市场的展品迅速站稳脚跟，不到一年就正式商业化上市。更多这样的企业跟着进博会“走进地方”，带动更多投资项目落地开花。

◎●◎ 开放的决心

开放是当代中国的鲜明标识。作为推动中国与世界市场相通、产业相融、创新相促、规则相联的重要平台，进博会正在兑现“办出水平、办出成效、越办越好”的承诺，不仅让中国的大市场成为世界的大机遇，更展现了中国扩大高水平开放的坚定决心。不管国际风云如何变幻，中国对外开放的大门只会越开越大，释放的红利也将越来越多，世界各国都将从中长久受益。中国扩大高水平开放的决心不会变，同世界分享发展机遇的决心不会变，推动经济全球化朝着更加开放、包容、普惠、平衡、共赢方向发展的决心不会变。

大家熟知的诺亚方舟故事在今天也有独特的价值与意义，宇宙只有一个地球，人类共有一个家园。和平与发展是世界各国人民的共同心声，冷战思维、零和博弈越发陈旧落伍，妄自尊大或独善其身只能四处碰壁。只有坚持和平发展、携手合作，才能真正实现共赢、多赢。世界各国要以负责任的精神同舟共济，共同维护和促进世界和平与发展。

8 人类生活在同一个地球村

01 >>> 破解“修昔底德陷阱”

所谓“修昔底德陷阱”，就是指一个新兴大国必然挑战既有大国，既有大国也会主动应对新兴大国的挑战，从而导致大国战争不可避免。在《伯罗奔尼撒战争史》一书中，修昔底德专门研究了古希腊两个强大的城邦——斯巴达和雅典之间的战争。他的结论就是“新兴大国”和“守成大国”必有一战。

◎●◎“修昔底德陷阱”的由来

近年来，“修昔底德陷阱”这一概念不断在涉及中美关系时被提起，格雷厄姆·艾利森在他的著作《注定一战：中美能避免修昔底德陷阱吗？》一书中，他满怀无奈地指出，“我们不必成为中国的奴隶，但我们必须学会接受其强大”，否则，“中美之间必有一战”。

客观地讲，经过改革开放多年的快速发展，中国经济总量已经位居世界第二。有些人开始担心，也有一些人总是戴着有色眼镜看中国，认为中国发展起来了必然是一种“威胁”，甚至把中国描绘成一个可怕的“墨菲斯托”，似乎哪一天中国就要摄取世界的灵魂。

纵观人类历史，新兴大国与守成大国交替出现的历史表明，新兴大国与守成大国之间的关系困境是一个普遍性命题，而如何应对这种关系困境是一种特殊化命题，即不同历史时段的新兴大国与守成大国都给出了自己的应对之策，其结果是有的大国之间引发了“修昔底德陷阱”，而有的大国之间则避免了“修昔底德陷阱”。世界上本无“修昔底德陷阱”，但大国之间一再发生战略误判，就可能自己给自己造成“修昔底德陷阱”。

◎●◎“修昔底德陷阱”的中国破解方案

新兴大国与守成大国的对抗，第一个根源在于对国际形势的误判。今天各国所处的国际环境已经与过去完全不同，

“和平发展合作共赢的时代潮流”是新的时代特点，没有和平，发展就无从谈起，全球化形成了一荣俱荣、一损俱损的利益关联，不仅大大弱化新兴大国与守成大国对抗的意愿，更显著降低了彼此发生冲突和战争的风险。和平发展合作共赢的时代大潮流奠定了新型大国关系的前提。

新兴大国与守成大国的对抗，第二个根源在于都想推翻过去的国际秩序，建立一个以自己为中心并占主导的国际秩序。所以，要避免大国之间、大国集团之间的冲突和竞争的灾难，就必须在国际秩序观上有新的突破。合作共赢为核心的新型大国关系，将是所有国家参治和主要大国共治的关系，联合国、二十国集团将在其间起重大作用，而不是原来大国关系的那种排他性恶性竞争。

新兴大国与守成大国的对抗，第三个根源是由于各自追求的国家利益之间存在不可调和的重大或根本性的矛盾。因此，要避免过去大国冲突的历史铁律，就必须彻底摒弃有你无我，以力取利、赢者通吃的以零和游戏为特征的传统国家利益观。

新兴大国与守成大国的对抗，第四个根源是由于大国追求安全的结果，导致相互都觉得不安全，单独追求安全的结果最终导致冲突和战争。要避免过去大国冲突的历史铁律，就必须彻底摆脱大国之间的安全困境，建立以共同安全为目的的新型安全体系，在“共同、综合、合作、可持续”的新安全理念下，构建地区安全合作的新架构。

中美关系带有全局性和战略性，因此它会对其他的大国关系产生重大甚至是决定性的影响。2013年6月，习近平主席在安纳伯格庄园与奥巴马总统会晤中，用三句话概括了中美新型大国关系的内涵：一是不冲突、不对抗；二是相互尊重；三是合作共赢。在中美之间探索出一种合作而非对立、双赢而非“零和”、良性竞争而非恶意博弈的新型大国关系模式，就是化解“修昔底德陷阱”必须解答好的重大命题，“为不同政治制度、历史文化背景和经济发展水平的国家建设积极合作关系树立前无古人、后启来者的典范”。

02 >>> 开放包容、美美与共的丝路倡议

古丝绸之路绵亘万里，延续千年，积淀了以和平合作、开放包容、互学互鉴、互利共赢为核心的丝路精神。这是人类文明的宝贵遗产。中国“一带一路”倡议由点及面，海陆共进，贯通东西，奏响实现梦想的时代交响曲。在这里，古代和现代穿越穿梭，东西方文明交汇交融，一幅互利共赢、共同发展的蓝图正在徐徐展开……

◎●◎ 重大倡议，架起时代桥梁

2013年9月，习近平主席在哈萨克斯坦纳扎尔巴耶夫大学发表演讲时提出了共建“丝绸之路经济带”的设想，发出了共建“丝绸之路经济带”的倡议；同年10月，习近平主席在印度尼西亚国会发表演讲时提出共同建设“21世纪海上丝绸之路”。“为了使我们欧亚各国经济联系更加紧密、相互

■ 我国生产的大型建材装备，出口“一带一路”沿线国家

合作更加深入、发展空间更加广阔，我们可以用创新的合作模式，共同建设‘丝绸之路经济带’。这是一项造福沿途各国人民的大事业。”顺应和平、发展、合作、共赢的时代潮流，习近平总书记提出建设“丝绸之路经济带”和“21世纪海上丝绸之路”的重大倡议，赋予了古丝绸之路以全新的时代内涵，开启了共建“一带一路”的伟大实践，堪称人类历史上的又一次“凿空”之旅。

■ 湖南张家界迎来 2023 年“一带一路”国际文化旅游交流考察团

◎●◎ 和平合作，开创美好未来

2020年2月，南非约翰内斯堡大学开设针灸课，受到学生们的欢迎。南非姑娘安迪·卡尔是一名大三学生，她成功地用针灸帮父亲摆脱了背痛，她说：“我想开一家自己的诊所，用中医知识和针灸为人们解除病痛。”

文明因交流而多彩，文明因互鉴而丰富。古老而又年轻的丝绸之路，见证了交通往来和商贸兴盛，也见证了多姿多彩文明的互学互鉴。人类文明因平等交流而变得丰富多彩，正所谓“五色交辉，相得益彰；八音合奏，终和且平”。志合者，不以山海为远。中国始终秉持“亲、诚、惠、容”的理念，倡导践行“一带一路”，在越来越多的国家之间，架起一座座和平合作之桥，打开一扇扇文化交流之窗。

在各国彼此依存、全球性挑战此起彼伏的今天，以共建“一带一路”为实践平台推动构建人类命运共同体，符合中华民族历来秉持的天下大同理念。跨越山海的“一带一路”，不仅致力于经济合作，还是完善全球发展模式、推进世界和平发展的重要途径。

◎●◎ 互利共赢，彰显大国担当

面对新冠疫情挑战，中欧班列和跨境电商联通贸易，为经济复苏注入活力。中欧班列是往来于中国与欧洲以及“一带一路”沿线各国和地区的集装箱国际铁路联运班列，被誉为“钢铁驼队”。截至2022年年底，中欧班列累计开行突破6.5万列，运输货物超过600万标箱，货值3000亿美元。已经开通运行了82条线路，联通欧洲24个国家200多个城市，基

> “一带一路”是古丝绸之路的时代创新，它根植于历史厚土，顺应时代大潮；它源自中国，属于世界；它背负着人类社会的美好愿景，承载着构建人类命运共同体的伟大梦想。

本形成了对亚欧地区全覆盖的交通物流网络。

“太厉害了，没想到卖货的速度会这么快！”卢旺达驻华大使詹姆斯·基莫尼奥试了一把网络直播带货，没想到数千斤咖啡豆很快就卖光了。现在，数字丝绸之路、健康丝绸之路、绿色丝绸之路已成为共建“一带一路”新的机遇和合作增长点。

岁月更替，陆上丝路和海上丝路的线路几经变换，但世界人民对美好生活的向往从未改变。作为绵延千年的历史文化和时代文化，丝路精神是横跨中西的合作文化，是中华民族心怀天下的包容文化，推动着世界的和平与发展。

03 >>> 世界怎么了？我们怎么办？

世界是一个整体，人与人、国与国的关系随着全球化步伐的不断加快而更加紧密，在这样一个“一荣俱荣，一损俱损”的时代，没有谁能做到独善其身。我们能做的，我们该做的，就是把全人类的命运与个人的命运、各个国家的命运紧密联系在一起，推动构建人类命运共同体，让不同文化、不同制度、不同意识形态都能和谐共生、利益共享、责任共担，共同建设持久和平、普遍安全、共同繁荣、开放包容、清洁美丽的世界。

> 建设一个什么样的世界？
>
> 如何建设这个世界？
>
> 这是人类社会永恒的命题。

◎●◎ 共同应对人类面临的问题和挑战

“我们应该加强合作，共同应对人类面临的各种挑战和全球性问题。只有形成更加包容的全球治理、更加有效的多边机制、更加积极的区域合作，才能有效应对全球性问题。”

世界正处于百年未有之大变局，我们共同面临着尖锐的矛盾和各种挑战，气候变化、恐怖主义、物种安全、地区争端、文化壁垒等多种全球性问题都摆在我们眼前。毫无疑问，挑战和问题属于全世界，属于全人类，在这样的境况之下，相互指责、相互猜疑的政治博弈应该被鄙夷、被摒弃。要想化解矛盾、解决问题，唯一的路是合作，世界各国只有不断加强合作，积极参与讨论、提出方案，共同应对困难才能形成最有效的应对之策，才能形成和谐共生的良好局面，让世界文明能够走向可持续发展道路。

◎●◎ 共同践行真正的多边主义

“我们应该坚决维护联合国权威和地位，共同践行真正的多边主义。”如何才能维持真正的和平？答案很简单，我们必须明确一个理念，那就是国与国之间的关系一定要建立在平等相待的基础上，在国际舞台上，每一个声音都很重要，所有国家都必须毫无例外地通过沟通协商解决问题，而联合国就是贯彻实施这一理念的最有力平台。回想过去，我们用二战的惨痛经验换取了半个多世纪的和平与稳定，联合国是其最有力的见证者。和平与发展来之不易，任何想要推翻以联合国为核心的国际体系的行为都是别有用心的，都是有违国际秩序和国际规则的，都是与世界人民崇尚和平的共同心愿作对的。对联合国，世界各国都应该秉持尊重的态度，爱护好、守护好这个大家庭，决不能合则利用、不合则弃之，让联合国在促进人类和平与发展的崇高事业中发挥更为积极的作用。

◎●◎ 共同推动经济社会发展

“我们应该坚持互利共赢，共同推动经济社会发展，更好造福人民。为了人民而发展，发展才有意义；依靠人民而发展，发展才有动力。”

中国有句老话：水可载舟，亦可覆舟。千百年前的古人智慧早已为我们指明了未来前进的方向，只有人民幸福，国

深圳地标建筑

家才能安定，才能走向富强。不仅仅是中国，世界各国都应如此。要知道，“一花独放不是春，百花齐放春满园”，安居乐业是全世界所有人民的共同心愿，每个国家都应该坚持以人民为中心，合力创造更公平、更高效、更包容的发展环境，争取让美好生活的花朵开遍世界各地，开进千家万户，迎来全世界人类共同的春天。

构建人类命运共同体，是马克思主义中国化时代化的最新成果之一，科学回答了“世界向何处去、人类怎么办”的时代之问，体现了全人类共同价值追求，反映了中国发展与世界发展的高度统一，对中国和平发展、世界繁荣进步都具有重大而深远的意义。构建人类命运共同体，不仅写入党的十九大报告、二十大报告，载入党章和宪法，而且多次写入联合国、上海合作组织等多边机制重要文件，反映了各国人民的共同心声，凝聚着国际社会的广泛共识，其深远影响正在持续扩大，并将随着中国和世界的发展进一步彰显。

全球公共产品，是指那些原则上能使不同国家、地区乃至世界所有人口受益的公共产品。它是公共产品概念在国际范围内的引申和拓展，具有消费的非排他性和非竞争性。

根据是否满足两个基本特性，可分为纯全球公共产品和准全球公共产品。纯全球公共产品很少，其受益者包括所有国家、群体和世代，如臭氧层保护等。常见的大都是准全球公共产品，其具有广泛性趋势，如渔场保护等。

后记

当今世界正处于百年未有之大变局，人类命运休戚与共。随着中国日益走向世界舞台的中央，中国的国际影响力、感召力、塑造力显著提升。新时代的青少年，只有把握大势，感知世界中的中国，做到“全球视野、本土思考”，才能回答好“世界之问”，成长为从容自信、心怀天下的人。

本书是“新时代讲给少年听”丛书中的一册，是在北京师范大学中共党史党建研究院的组织下完成的。院长王炳林教授高度重视丛书编写，多次召开研讨会，就丛书定位、写作思路、语言风格等提出明确要求；副院长冯留建教授做了大量的组织协调等工作。大象出版社对丛书的出版给予了大力支持，本册编辑梁金蓝老师付出了辛勤劳动。北京师范大学马克思主义学院硕士研究生胡淼、孙茗荟、付学铜、武子渊参与了写作资料搜集和初稿写作的工作。本书内容借鉴了不少已有的研究成果，使用了一些单位和人士提供的照片，在此一并表示诚挚感谢。

新时代中国打造人类命运共同体，不是坐而论道，不是一纸宣言，而是行胜于言的中国行动，是兼济天下的中国担当，是中国梦与世界梦相融相通的时代进程。希望这本小册子能助力青少年朋友了解中国的大国责任，体验共济天下的大国担当情怀，树立更宏远的人生理想。

吕晓莉

图书在版编目(CIP)数据

大国的担当 / 吕晓莉编著. — 郑州 : 大象出版社,
2023. 10
(新时代讲给少年听 / 王炳林主编)
ISBN 978-7-5711-1873-0

Ⅰ. ①大… Ⅱ. ①吕… Ⅲ. ①爱国主义教育-中国-
少年读物 Ⅳ. ①D647-49

中国国家版本馆 CIP 数据核字(2023)第 185041 号

新时代讲给少年听

大国的担当

DAGUO DE DANDANG

王炳林　主编

吕晓莉　编著

出 版 人　汪林中
丛书顾问　王承哲　闫德亮
策　　划　张桂枝　孟建华
项目统筹　丁子涵
责任编辑　梁金蓝
责任校对　代亚丽
美术编辑　王晶晶
装帧设计　谢俊平

出版发行　大象出版社(郑州市郑东新区祥盛街 27 号　邮政编码 450016)
发行科　0371-63863551　总编室　0371-65597936
网　　址　www. daxiang. cn
印　　刷　河南新华印刷集团有限公司
经　　销　各地新华书店经销
开　　本　890 mm×1240 mm　1/32
印　　张　5. 25
字　　数　84 千字
版　　次　2023 年 10 月第 1 版　2023 年 10 月第 1 次印刷
定　　价　25. 00 元

若发现印、装质量问题,影响阅读,请与承印厂联系调换。
印厂地址　郑州市经五路 12 号
邮政编码　450002　　电话　0371-65957865